L'enfance inachevée

Antonin Malroux

L'enfance inachevée

ROMAN

Albin Michel

© Éditions Albin Michel S.A., 2001
22, rue Huyghens, 75014 Paris

www.albin-michel.fr

ISBN 2-226-12745-3

1

Lucien se leva très tôt. Dans sa tête trottait déjà la pensée du départ, le grand voyage à pied, huit kilomètres environ à travers routes, chemins et sentiers, en bordure de champs, prairies et sous-bois.

Le temps était toujours beau quand la permission lui était donnée de quitter la maison familiale pour s'en aller rejoindre ses grands-parents. Aussi n'avait-il aucun regret de laisser son frère et ses sœurs, c'était seul qu'il voulait entreprendre ce voyage promis depuis longtemps. Ses grands-parents l'attendaient...

Il connaissait le parcours, qu'il avait déjà effectué avec son oncle Pierre. Bien sûr le train desservait la destination mais on gardait cette possibilité pour les cas d'urgence ou la mauvaise saison, cela permettait aussi d'économiser ses sous. La famille n'était pas aisée, loin de là, et on n'avait ni les moyens ni le droit de céder aux caprices engageant des dépenses inutiles. De plus, partir à pied se révélait bien plus stimu-

lant et valorisant et procurerait, c'est sûr, cette sensation de conquérir quelque chose d'extraordinaire...

Lucien avait onze ans, c'était l'été 1953. Dans sa
musette bien grande pour lui, une petite bouteille
d'eau, un morceau de pain et une pomme constituaient ses provisions pour l'expédition. Muni d'un
solide bâton de noisetier, il entreprit ce premier
voyage la joie au cœur. « Je pourrais traverser tout
le pays, aller jusqu'à la mer si je voulais... », pensait-
il, heureux, ignorant que le Cantal se situait bien
loin d'une mer accessible pour lui.

Ce premier voyage devenait extraordinaire. Déjà
la route s'allongeait derrière lui. Le lieu-dit L'Estan-
cade apparaissait et laissait deviner, après les deux
virages difficiles, les premières maisons de Cayrols,
un bourg serré le long de la voie principale.

On le regardait, on s'étonnait de voir un enfant
seul sur cette grande route, musette au dos, traverser
sans peur le village. « Je me demande bien qui c'est
celui-là... », disait-on parfois sur son passage. Il aurait
voulu leur répondre : « Je vais chez mes grands-
parents, à Boisset, et tout seul ! » mais à quoi bon,
peut-être se serait-on moqué de lui.

Au sortir de Cayrols, il bifurqua sur la gauche, vers
Boisset. La route ne s'améliorait pas et devenait plutôt un bon chemin qui grimpait dans la châtaigneraie en pleine floraison, exhalant son parfum si par-

ticulier. Des paysans occupés dans leur terre levaient parfois un regard sur lui. Certains l'ignoraient. D'autres, intrigués, lui demandaient ce qu'il faisait par ici, pensant qu'il s'était égaré ; d'autres enfin lui faisaient un peu peur. Quelques chiens s'approchaient de lui, le reniflaient. L'enfant savait qu'il ne fallait pas lever son bâton, bien au contraire. Un panneau indiqua le lieu-dit Manchou sur sa droite. Il ne prit pas cette direction, même s'il savait qu'il était né là-bas, dans ce minuscule hameau quitté par sa famille alors qu'il avait trois ans à peine.

Il marchait fièrement, son pas assuré d'une bonne cadence. Un léger creux à l'estomac lui rappela le contenu de la musette. Pomme et pain mangés ensemble ne firent pas long repas, et une gorgée d'eau le désaltéra.

L'arrivée au village de Pradeyrols le rassura. Déjà une grande partie du voyage était accomplie. Des regards semblaient le reconnaître. « Tu vas voir tes grands-parents ? – Oui, répondait-il sans s'arrêter. » Une femme dit : « Pauvre petit ! » et vaqua à ses occupations comme si personne n'était passé.

Certes, Lucien se sentait dans son pays, mais sur une terre rude à ses petites jambes car rien ici n'était plat. Partout où pouvaient se poser les regards : des descentes et des montées, comme si le plat n'existait pas. Ce n'était que crêtes et talwegs, maigres et difficiles cultures sur les hauteurs et, tout en bas, petits ou grands ruisseaux qui débordaient parfois lors des orages. Cela ne dérangeait pas l'enfant qui savait se repérer à tous ces reliefs bien identifiés. Le soleil de juillet embrasait ce panorama grandiose, laissant deviner les hameaux aux fermes plus ou moins reconnaissables, parfois si dissimulées dans les bosquets que l'on aurait pu les oublier sans leurs cheminées ou leurs immenses granges.

Ici, les odeurs se mélangeaient, couraient et se perdaient au gré des chemins, d'un vent plein d'orgueil ou d'une brise énamourée. Lucien avançait toujours allègrement. Il savait que, bientôt, il entreprendrait la grande descente qui le conduirait, s'il ne se trompait pas, à destination. Maintenant, des sentiers le guidaient, des terres cultivées, des seigles, des blés noirs, des champs de pommes de terre. Il les connaissait, ce qui n'empêchait pas quelque appréhension. Mais au bout du voyage, il y avait aussi le bonheur !

Il dévorait cette liberté de toute son âme de petit garçon. Il sifflait, il chantait à tue-tête : « *Dis, maman, les petits bateaux qui vont sur l'eau, ont-ils des jambes ? Mais oui, mon gros bêta, s'ils n'en avaient pas, ne marcheraient pas !* » Puis il ajouta sérieusement : « Je ne comprends pas comment on a pu écrire ça... des jambes à des bateaux ! »

Soudain le hameau du Bois de Larque apparut ! C'était le dernier groupe de maisons qu'il longeait. On le connaissait bien ici. La fin du périple était proche, la fin de la matinée aussi. Il dut encore côtoyer des bruyères, un champ, entrer dans un sous-bois, se repérer à une vieille maison démolie dont il ne restait plus que quelques pans de murs. Ces lieux sombres le firent frissonner. Il se souvenait de choses que son grand-père lui avait racontées. Puis il passa près de la serbe noire et profonde, mystérieuse et inquiétante. Sur elle aussi, il y avait une histoire... juste avant les châtaigniers précoces que quelques-uns connaissaient. Déjà le bois de sapins apparaissait. Un sentier pentu, étroit et poudreux lui donna de l'élan. Il écartait les ronces, cassait les fougères et jubilait de sa force en poussant des cris de victoire. Les tout derniers châtaigniers en fleur l'accueillirent. Là, le jardin d'en haut, et les ruches toujours bourdonnantes, différentes les unes des autres, parfois déguisées pour un carnaval. Plus bas enfin, le toit de la douce maison qui l'attendait. Son cœur battait plus fort, les pas s'accéléraient. La cheminée lui disait déjà qu'on le souhaitait... Comment pouvait-il en être autrement.

On l'attendait. Il fut reçu à bras ouverts avec les compliments que méritait son exploit. Même la chienne Coquette lui fit fête. Cette maison était la sienne, adossée à l'adret ensoleillé et toujours protégée des mauvais vents du nord. Et il voulut tout revoir, tout revisiter, de la remise au grenier, de la petite cave à demi enterrée près du noisetier à la fontaine.

– Tu auras tout le temps, lui disaient ses grands-parents. Ne te presse pas ainsi, sinon tu vas tout gâcher. Rien ne bougera, tu sais...

– Mais j'ai tellement envie d'en profiter, Mémé. Et toi Pépé, que fais-tu en ce moment ? Je peux t'aider ?

– Pour l'instant je prépare la soupe, comme tu vois, tu dois avoir faim après tous ces kilomètres ?

– C'est vrai que j'ai bien faim, j'ai marché long-temps. Mais, maintenant que je connais le chemin, je pourrai revenir plus souvent et on fera beaucoup de choses ensemble, pas vrai ?

– Bien sûr qu'on en fera, bien sûr !

Chez les Sareille, on trempait la soupe tous les jours. Minette, la chatte, et Coquette recevaient comme une récompense une tranche de pain avant que la soupière ne fumât, puis rejoignaient leur endroit réservé. Grand-mère restait souvent près du cantou, même pour prendre ses repas. Une vieille habitude... Elle était atteinte d'une maladie étrange qui, en plus de la faire souffrir, la courbait, la pliait en deux irrémédiablement au fil du temps. Lucien l'aimait un peu plus à cause de cela. Il se tenait face à son grand-père, sur le banc de bois, à la grande table de chêne. C'était là la place royale, et pour lui, il n'y avait pas de bonheur plus beau au monde.

La maison ne possédait que deux pièces. Une chambre où dormait Lucien, embarrassée de deux autres lits, de ses oncles et tante, sans doute, qui avaient quitté la maison, d'un coffre à grains et de

quelques objets divers. Une fenêtre à petits car-
reaux, qui fermait par un système bizarre, éclairait
la chambre. Elle possédait un contrevent à un seul
battant qui penchait un peu.

La pièce commune, comme bien souvent à la campagne, servait à la cuisine que l'on faisait au cantou
– seul chauffage pour toute la maison – ou sur une
cuisinière en fonte noire. Le cantou était l'endroit
le plus convivial et le plus sombre aussi sous sa hotte
noire et profonde. Derrière la crémaillère, la fumée
avait verni le mur de cheminée et épaissi le contrecœur, cette plaque du fond en lourde fonte. Chaque
jour, les flammes magiciennes s'emparaient de
l'âtre, menues ou démesurées, mais toujours mysté-
rieuses. Au-dessus du manteau, la tablette étalait ses
objets usuels ou décoratifs, dont un pot en grès sur
lequel on pouvait enflammer une allumette tellement sa rugosité était prononcée. Il y avait aussi un
étrange et massif briquet en cuivre qui ne servait
jamais, quelques pots à épices et une rangée de
cubes de savon de Marseille qui vieillissaient et dur-
cissaient lentement en jaunissant.

Un coin arrière-cuisine, où l'on plaçait les seaux
d'eau et quelque matériel de cuisine, se devinait au
fond. C'était aussi la salle à manger avec la grande
table et ses deux bancs face à un vaisselier, et la
chambre à coucher des grands-parents avec son gros
lit de bois foncé. Près de celui-ci, scellé au mur,
trônait un râtelier sur lequel on pouvait admirer

quatre fusils de chasse et une superbe carabine. Une armoire en bois plus clair protégeant le linge voisinait avec une machine à coudre de marque Singer à navette. Sur cette paix, d'à peine quarante mètres carrés, veillait une pendule comtoise qui se manifestait quatre fois par heure. Le plancher était fabriqué en larges planches de châtaignier que l'on nettoyait avec un gros balai de branches de bouleau. Quant au plafond, on pouvait compter ses poutres noires auxquelles s'accrochaient bien des choses. Cette pièce n'avait qu'une fenêtre avec barreaux qui ne s'ouvrait pas. Elle ne possédait qu'une seule et grande vitre épaisse, récupérée paraît-il sur un wagon, après un déraillement provoqué lors de la dernière guerre, pas très loin d'ici.

Pour améliorer la clarté de la pièce, que le crépi beige des murs assombrissait encore, la porte d'entrée demeurait presque toujours ouverte. Le grand-père Justin Sareille avait fabriqué un portillon supplémentaire à claire-voie interdisant aux volailles de pénétrer dans la maison.

Dans cette maisonnette du lieu-dit Estarieu, Lucien était plus heureux qu'ailleurs. Sitôt le repas terminé, une envie de courir dehors devenait irrésistible. On ne l'aurait pas tenu. Il courait à la fontaine, distante de trente mètres environ, lieu magique pour lui. Ce n'était pas une vraie fontaine, l'eau y arrivait par des passages souterrains de beaucoup plus haut dans la gorge de la colline ; d'ailleurs on ne savait pas très bien d'où elle venait, mais c'était ici qu'elle avait décidé d'apparaître un jour, pour le bonheur de tous. Jamais elle ne tarissait, à peine si son débit faiblissait aux périodes de forte chaleur durant des étés exceptionnels. Un système pour placer les seaux avait été imaginé et, un peu plus loin, une petite retenue servait de lavoir près de la route qui semblait s'arrêter dans un virage en épingle à cheveu. L'arrivée de l'eau, sa chute du tuyau et, plus bas, son ruissellement procuraient un bruit particulier, si agréable qu'on aurait dit qu'il avait un goût... Tout proches quelques pommiers voisinaient avec des pruniers, merisiers, et même un gros noyer qui produisait une ombre malsaine, trop intense.

Lucien plongea ses mains dans l'eau froide et but à même sa peau toute surprise de cette fraîcheur. Tout près de la fontaine commençait l'autre versant de cette colline appelée le pic pelé à la suite d'un incendie qui l'avait rendue aussi nue qu'un œuf ! Depuis, la bruyère avait pris place et l'endroit n'était plus qu'un mont de ces sous-arbrisseaux à fleurs violacées dont les racines trouvaient leur pitance dans ces sols siliceux. Simplement sillonnée par trois chemins horizontaux, cette colline savait montrer sa différence lorsque les bruyères fleurissaient.

Demain ou après-demain, il irait jouer dans ces taillis à son jeu préféré... Estarieu était son territoire, son royaume ! Il l'observait, assis près de l'eau, un bâton à la main dont il tapait l'extrémité dans le miroir limpide qui lui rendait alors les multiples cercles qui s'agrandissaient en ondes et mouraient sur les bords. Quelques moucherons et moustiques voletaient autour de lui, tandis que Coquette ne le lâchait pas d'une seconde. Puis il revenait vers la maison, s'amusant à la retrouver. A bien la regarder, elle était bizarre, construite contre la colline de telle sorte que le toit arrière était de niveau avec le sol.

Sur le devant, une avancée de tuiles couvrait la remise et formait un appentis protégeant d'un côté un établi de menuisier, et de l'autre une forge avec son vieux soufflet de cuir qui ne fonctionnait plus depuis longtemps, remplacé par un ventilateur manuel. La façade, blanchie à la chaux, se voyait de loin, dissimulée de-ci, de-là par cette treille qui courait le long du toit, partageant sa vie avec un surprenant figuier. Un tertre en arrondi retenait pour leurs racines un peu plus de terre et offrait un endroit agréable où s'asseoir. Le tilleul et l'abricotier donnaient leur ombre au bord de la cour que l'on appelait le devant de porte, endroit que poules et coq embarrassaient souvent.

A l'autre extrémité de la construction, se situait une cave à demi creusée dans le rocher où s'entreposaient le vin, quelques provisions et des objets ou outils mystérieux comme une baratte devenue inutile. Cet endroit était toujours fermé à clef, quelque voyageur nocturne ne se serait pas gêné pour soutirer le vin de Justin Sareille. Tout près, un immense noisetier donnait chaque année à profusion. En revanche, face à lui, se quillait fièrement un poirier sauvage qui en été rameutait plus de guêpes et de frelons qu'il ne produisait de fruits. Qu'importe, il avait lui aussi le droit de vivre. De cette position dominante, on apercevait le bourg de Boisset, au-delà du pont de chemin de fer et du ruisseau, baigné de soleil. Il n'y avait pas de meilleur point de vue pour observer ce village où dominait le clocher de son église. Autrefois il y avait un château qui fut brûlé à la Révolution, disait-on, et un juge royal, et tant et tant d'histoires...

Au-delà de la cour se trouvait un remblai abrupt, presque inaccessible, qui s'arrêtait à la route en contrebas et grimpait péniblement vers les villages de Lacoste et de La Viguerie. Sur une partie de ce talus, la moins périlleuse, on cultivait des légumes printaniers, salades et petits pois, des fraises aussi, en particulier cette variété de fraises blanches qu'appréciait Lucien.

2

L'attachement exceptionnel de Lucien à ces lieux résultait d'une situation particulière. L'enfant était le premier petit-fils des Sareille, venu au monde alors qu'on ne le souhaitait pas. Sa mère, Jeannette, l'aînée, avait dix-huit ans lorsque le petit naquit. Les grands-parents élevèrent Lucien du mieux qu'ils purent, remplaçant le père absent, avec les revenus dont ils disposaient, c'est-à-dire peu. Ils étaient alors fermiers sur une maigre propriété. Les moyens de subsistance étaient minces, et avec ce petit qui ne demandait qu'à vivre... Parmi ses trois oncles et tante Marie, la vie continua. Puis les grands-parents quittèrent la ferme et vinrent habiter cette maison, au lieu-dit Estarieu.

Le petit Lucien grandissait, entouré de tendresse. Mais bientôt, oncles et tante, chacun leur tour, quittèrent la maison pour travailler et gagner leur vie, sa mère de même. Le plus jeune, Pierre, demeura plus longtemps en compagnie de Lucien. Un jour également, Jeannette se maria, mais le petit demeura chez ses grands-parents comme c'était souvent le cas dans des situations identiques.

Même s'il avait changé d'identité (reconnu enfant légitime par mariage), tous les gens du village l'appelaient Lucien Sareille, du nom de sa mère. « Tiens, voilà le petit Sareille », disait-on. Le grand-père ne corrigeait jamais. Pierre Sareille devint le grand frère. Lorsqu'il le conduisit à l'école pour la première fois, il devint son protecteur. Le petit avait de la chance.

C'est seulement vers l'âge de sept ans que l'enfant rejoignit le foyer de ses parents. Marqué par une vie qu'il avait trouvée à son goût chez ses grands-parents, Lucien n'eut d'autre choix que de s'adapter. Il s'adapta. Il se rendait de temps en temps chez ses nouveaux grands-parents paternels, avec ses parents, les appréciait d'une manière différente. Cet autre grand-père, Germain, semblait l'aimer, mais on préférait le frère et les sœurs, c'était ainsi. Alors Boisset demeura la terre promise !

Tout au fond de lui-même, Lucien ne se sentait pas comme les autres, il savait que quelque chose boitait dans sa jeune vie. Ici on l'appelait par un nom, là par un autre, celui de son nouveau père... Un enfant sait entendre bien plus qu'on peut l'imaginer. Personne ne lui parlait de cette situation, jamais, et il devint rêveur. Estarieu, son domaine privilégié, était aussi son royaume.

Après avoir reconnu le territoire, il admirait tous ces outils, de la forge à l'établi. De vrais trésors qu'il pouvait toucher. L'après-midi était chaud, tellement les lieux recevaient de soleil. Son grand-père faisait sa sieste, tandis que Lucien et sa grand-mère, tous deux assis sous le tilleul, bavardaient. Coquette avait disparu, à la recherche d'un endroit plus frais, peut-être sous le lit...

– Alors, es-tu content d'être ici ?

– Oh oui ! Mémé, tu sais, je crois que je ne pourrai jamais repartir.

– Comment ça va à la maison ? Ton frère, tes sœurs ?

– Ça va...

– Ta maman, elle va bien ?

– Ça va...

– Tu n'es pas très bavard, mon pitiou. Et avec ton père ? Tout va bien ?

– Ça va...

– Je t'ennuie avec mes questions, mais tu es le facteur pour nous ; vous ne venez pas si souvent. Avec ton père, pas de problème ?

– Non.

– C'est un brave homme tu sais, travailleur, tu peux l'estimer.

– Qu'est-ce que ça veut dire l'estimer ?

– Ça veut dire qu'il t'aime bien et que tu dois le lui rendre de ton mieux.

– Quelquefois, il m'aide à faire mes devoirs, pour les opérations et la règle de trois.

– Alors, c'est parfait.

Léonie Sareille posait les mêmes questions chaque fois. Lucien répondait avec les mêmes mots, sans comprendre vraiment.

Après un moment de silence, Lucien ajouta :

– Il m'a appris aussi comment on trace les courbures au-dessus des portes, des fenêtres et des grandes ouvertures des bâtiments.

– C'est tout de même son métier.

– Oui, mais il m'a enseigné une méthode que très peu de gens connaissent, même dans le métier.

– Et quel est donc ce mystère ?

– Pour dessiner un arc plein cintre, un arc surhaussé, surbaissé et bien d'autres, il ne lui faut pour seuls outils que deux grandes réglettes de bois, cinq clous et un crayon.

– Je croyais qu'il fallait une ficelle...

– Non, pas avec ce procédé. C'est un secret de compagnon que je n'oublierai jamais.

Léonie, étonnée, acquiesçait.

– Ta maman, avec tout ce monde, doit avoir bien du travail. Tu l'aides un peu ?

– Oui, de temps en temps. Mais je voudrais que...

– Dis-moi, mon petit Lucien...

– Je voudrais qu'elle m'aime plus, enfin, il me semble que...

– Viens près de moi, là, tout près.

La grand-mère prenait Lucien dans ses bras, sans rien dire, et le gardait quelques secondes contre son cœur.

— Tu n'es plus seul, Lucien, il faut comprendre, ton frère et tes sœurs sont plus petits, il faut raisonner un peu.

Il aurait voulu l'embrasser tendrement, mais dans la famille, on n'avait pas cette habitude, juste une fois, le jour de l'arrivée et celui du départ, et c'était tout. Pourtant, Lucien connaissait des enfants de son âge que les parents embrassaient le soir avant de s'endormir et le matin au réveil. Il pensait qu'ils avaient de la chance. Il se rattrapait sur les joues de sa toute petite sœur qu'il agaçait sans doute. Tante Marie l'embrassait quand elle venait, elle disait que c'était son petit cavalier... Il ne savait pas trop ce que cela voulait dire, mais le mot ne lui déplaisait pas.

Léonie Sareille savait les chagrins de son petit-fils, et quand ceux-ci se manifestaient, elle faisait diversion dans la conversation. Elle tricotait des chaussettes ou raccommodait. Lucien la regardait.

— Tu sais faire des choses extraordinaires, Mémé, mais comment fait-on les fils de laine ?

— Il y a encore quelques années, quand tu étais tout petit, je filais à la quenouille. Je te montrerai un de ces jours, il doit bien me rester de la laine quelque part, j'ai encore les fuseaux de bois. Aujourd'hui, quand on a des sous, on achète les pelotes toutes faites, c'est le progrès.

Apercevant des écheveaux de laine suspendus aux fils servant à étendre le linge, Lucien demanda :

– Qu'est-ce que c'est tous ces paquets de fils, on dirait qu'ils sont frisés ?

– C'est un tricot que j'ai démoli, il était un peu usé, alors je vais le tricoter de nouveau et il sera tout neuf. Tu vois, j'ai tout le temps pour m'y employer.

Lucien semblait comprendre, mais il savait aussi que ses grands-parents n'étaient pas riches.

– J'ai envie de te peigner, tu sais que j'aime te peigner...

– Tu seras peut-être coiffeur un jour, mon pitiou.

Et tous deux riaient.

Tendres images d'un enfant peignant les cheveux de sa grand-mère à l'ombre d'un tilleul. Elle le laissait faire, s'amusant de ses gestes prudents et malhabiles parfois, en lui souriant. Habillée de gris, d'un tablier-robe à petites fleurs discrètes, elle semblait toujours la même, avec cette même tristesse dans le regard. Avait-elle été heureuse un jour ?

– Tu me trouves belle à présent ? lui demandait-elle.

– Bien sûr que tu es belle. Quand je serai grand, je t'enverrai des médecins pour soigner ton dos, et tu remarcheras comme tout le monde. Nous irons nous promener, je t'emmènerai au Rouget, chez nous. Ce n'est pas comme ici, il n'y a pas de fontaine et on n'habite pas dans une maison isolée, mais il y a des jardins, des prés, des bois, une grande école aussi. Je t'emmènerai partout, tu verras...

Lucien percevait le sourire mais ne voyait pas la larme couler le long des joues de sa grand-mère.

– Travailles-tu bien à l'école, Lucien ?

– Ça va...

– Raconte-moi un peu. Ta mère m'a dit...

– Elle t'a dit que j'écrivais très mal, que j'avais de mauvaises notes sauf en calcul et en français, je n'aime pas la géographie, ça ne veut pas rentrer.

– Que préfères-tu alors ?

– Je préfère m'amuser, inventer des histoires et, quand je suis tout seul, je ne m'ennuie pas. Ça ne veut pas dire que je n'ai pas de camarades, sauf ceux qui se moquent de moi parce qu'ils disent que je suis mal habillé ; c'est vrai, il y en a qui le disent. Ceux-là, un jour, je leur casserai la gueule !

Sa grand-mère semblait comprendre.

– Va me chercher un peu d'eau fraîche à la fontaine, tu me feras plaisir, mon pitiou.

Lucien ne se faisait pas prier pour rendre service et courir à la fontaine. Il perdait souvent beaucoup de temps à contempler l'eau qui arrivait par un petit tuyau, ou à observer dans la mare les minuscules bestioles qu'elle abritait. Il y avait de toutes petites bêtes, d'à peine un centimètre, qui se roulaient en boule. L'oncle Pierre disait que c'étaient des cochons d'eau. « Si tu en avalais un seul, il grossirait dans ton ventre et tu deviendrais gros comme un porc », lui avait-il dit plusieurs fois. C'était la vérité, et Lucien prenait garde en buvant...

Le seau, trop rempli, butait contre ses petites jambes et l'eau dégoulinait jusque sur ses chaussures, et à l'arrivée on constatait les dégâts du transport.

– Tu t'es encore tout trempé, mon pitiou, heureusement qu'il fait bien chaud. Je n'avais pas besoin de cette quantité.

– Ce n'est pas grave, Mémé, quand je serai grand je saurai mieux faire. L'année prochaine, j'aurai douze ans.

– Déjà ! Tu vas faire ta communion solennelle comme les autres, pas vrai ? Tu es toujours enfant de chœur ?

– Oui. Cette année, je suis devenu servant depuis quelques mois. J'aimais bien être thuriféraire, avec mon encensoir. J'aimais le préparer avant la messe, allumer les charbons et quand l'encens était versé dessus par le curé, j'adorais cette fumée qui montait et son parfum.

– Tu t'amusais bien un peu, avoue-le.

– J'aimais le balancer et parfois la chaîne du milieu qui soutenait le couvercle se mélangeait aux trois autres, le curé ne pouvait pas accéder au foyer et me regardait de travers... Maintenant, je suis le premier enfant de chœur, je porte la grande croix. On a eu de nouvelles aubes, toutes blanches avec un capuchon et une cordelette à la taille, comme des moines. La mienne est un peu longue et celle d'un copain trop courte, mais on ne peut pas les échanger...

– J'aimerais bien te voir, mon pitiou, habillé en moine. J'espère que tu te tiens comme il faut.

– Tu sais, Mémé, quand le curé donne la communion à la sainte table, à ceux qui s'approchent et s'agenouillent, c'est moi qui présente la patène et la glisse sous le menton des fidèles.

– C'est toi qui fais ça ?

Il y avait de l'étonnement et de la fierté sur le visage de Léonie.

– Oui, c'est moi, et quelquefois, quand je vois s'ouvrir les bouches de gens qui ne m'aiment pas, je les regarde, mais ils font semblant de ne pas me connaître, ils m'ignorent. Dans une église, les gens ne sont pas comme ailleurs, tu sais, j'en suis sûr. J'en connais qui ne sont pas gentils chez eux, mais à la messe, on dirait que ce ne sont pas les mêmes. Quand ils communient, j'aurais envie d'appuyer la patène sur leur cou, mais je sais que le Bon Dieu me regarde...

Il marquait un silence, puis :

– Quand il y a des mariages ou des baptêmes, on a droit à des cornets de dragées et même à des sous.

– J'espère que tu vas devenir riche, mon Lucien.

– Je vais te confier un secret. J'ai fait brûler des cierges pour que tu guérisses vite. Sous la statue de sainte Thérèse de l'Enfant-Jésus, j'ai fait des prières pour toi, c'est un secret entre nous.

Elle passait la main dans les cheveux de son petit-fils, et son regard se perdait au loin.

– Brave pitiou...

3

Lorsque Justin apparut, Lucien l'accueillit avec un large sourire.

– Tu veux faire quatre-heures avec moi, Lucien ?

– Oui, j'arrive. Et après, que pourrait-on faire ?

– Tu es si pressé... On va voir, mais viens manger un morceau. Tu veux boire un petit coup ?

– Je ne bois que de l'eau, mais je veux bien y goûter...

Tous deux se dirigèrent vers la petite cave. Quand la porte fut ouverte :

– Il fait frais ici, et on n'y voit pas grand-chose, tu n'as pas besoin de lumière, Pépé ?

Justin souriait. Bien entendu, il n'avait pas besoin de lumière électrique dans ce lieu. La clarté qui entrait par la porte entrouverte suffisait.

– Je pourrais y entrer en pleine nuit, c'est une question d'habitude ; dans quelques jours, tu feras comme moi ; il ne faut pas avoir peur de l'obscurité.

– J'ai quelque chose sur la figure ! On dirait que...

– Tu fais bien des histoires pour quelques toiles d'araignées !

– On dit que ces bêtes, quand elles vous piquent...

– N'y pense pas. Elles ont aussi peur de toi que toi d'elles, faut pas s'en occuper.

Lucien entendit la bouteille s'ajuster au robinet du tonneau qui faisait cet agréable bruit en tournant, une fois pour s'ouvrir et une fois pour se fermer, dans l'obscurité. Puis tous deux revinrent joyeusement.

– Tu veux bien porter le pintou ? dit Justin.

C'est ainsi qu'il nommait la bouteille d'un demi-litre de vin. Grand-mère avait rejoint la maison. Lucien prenait sa place habituelle, face à son grand-père, sur le banc. Du grand tiroir, Justin sortait le pain mais aussi le fromage. Le garde-manger pendu à la cave, habillé de grillage, contenait des parts plus importantes.

Dans l'autre tiroir de la table se trouvaient parfois le lard froid, des restes de viande de midi et même du miel qui s'écoulait des gâteaux de cire aux alvéoles gorgées aussi de gelée royale. Chaque énorme tiroir, avec sa poignée de fer qui faisait du bruit en retombant, avait son odeur particulière.

Justin bloquait alors la tourte entre le tiroir et le bord de la table et tranchait ce pain de campagne à la croûte généreusement enfarinée. Lucien l'aimait particulièrement quand il lui blanchissait les lèvres. Minette et Coquette étaient apparues comme par enchantement pour leur rituel. L'assiette à fromages était un vrai bonheur, avec son fort bleu d'Auvergne et son cantal à grosse croûte, que l'on reconnaissait supérieur si celle-ci comportait des points rouges. Lucien n'avait pas ces odeurs de fromage chez lui. Les aurait-il eues qu'il aurait préféré celles-ci.

Son verre d'eau colorée de quelques gouttes de vin lui laissait croire qu'il devenait un homme. Léonie s'amusait de l'attitude de cet enfant qui ne demandait qu'à vivre des choses simples de la vie. Un bout de saucisse sèche, sortie du manteau de la cheminée, fut un vrai régal. Lucien avait le droit de se servir d'un couteau à manche de bois, véritable privilège. Ici, on ne savait pas manger sans son couteau, avec cette façon si particulière de couper son fromage et de le glisser sur le pain ou sa viande froide, de la même manière. On devenait grand en apprenant à manier un canif, et on l'était quand on le possédait dans sa poche. Gare aux jours qui suivaient l'aiguisage ; la lame tranchante tel un rasoir laissait souvent, même aux plus adroits, quelques belles estafilades sur les doigts imprudents. Un jour, Lucien aurait lui aussi son « opinel ».

La pendule sonnait la demie de quatre heures.

– Demain matin, tu pourras m'accompagner à Boisset si tu veux. Il n'y a plus de vin et j'en profiterai pour prendre des provisions chez le boucher-charcutier.

– C'est d'accord, et toi Mémé, voudrais-tu que je te ramène quelques commissions ?

– L'épicier va passer sans tarder, je prendrai ce qu'il me faut à ce moment-là ; tu le connais bien, avec son petit camion gris ?

– Oui, il me donnait souvent un bonbon quand j'étais plus petit.

– Il me demande toujours de tes nouvelles, tu sais.

Lucien marquait sa joie de savoir qu'on ne l'oubliait pas depuis son départ d'Estarieu.

– Que fait-on ce soir ? demanda-t-il à son grand-père.

– Je n'ai rien prévu de spécial pour aujourd'hui, mais peut-être après-demain, j'irai sûrement à la pêche, je crois que je vais avoir une commande.

– Je viendrai, n'est-ce pas ? Depuis le temps que j'attends, il me semble que ça fait des années.

– Bien sûr, je t'emmènerai, mais le temps est bien chaud en ce moment, dit-il, soucieux. Nous partirons de très bonne heure.

– Je serai prêt, compte sur moi, répondit l'enfant tout heureux. Comme on ne fait rien ce soir, je vais aller jusqu'au champ d'en haut, au tournant de la route.

– Sois prudent !

Lucien se dirigea vers le jardin du champ, à deux cents mètres à peine. De cet endroit, il dominait la petite vallée de la Moulègre, le ruisseau du bourg de Boisset. Le jardin, encore garni des légumes de l'été, l'accueillit. Il s'assit et observa. Il se réappropriait le panorama.

— Me voilà revenu. Vais-je rester tout seul ? disait-il à haute voix.

— Je suis là, répondit la voix. Tu sais bien qu'ici tu ne seras jamais seul. Tu as mis bien du temps à revenir, mais te voilà enfin, j'espère que tu resteras des jours et des jours chez tes grands-parents ?

— Rassure-toi, je ne suis pas près de repartir. Pour le premier jour, je suis venu te voir. Tu es mon ami et je ne t'abandonnerai jamais, c'est notre secret.

— Tu n'as pas envie de grimper sur la colline ?

Lucien regardait le pic pelé.

— Je suis arrivé ce matin et je n'ai pas envie de monter là-haut ce soir, et puis, rappelle-toi, ce n'est pas la bonne heure à cause des vipères. Tu te souviens de ce jour où il faisait très chaud sur le chemin du milieu ?

— C'est vrai, je m'en souviens ; demain matin si tu veux.

— Pas demain, je vais faire des commissions avec grand-père, mais ce n'est que partie remise. Je viendrai te chercher, je sais que tu es toujours là. Viens avec moi, dans le bas du pré, sous le champ, je voudrais voir s'il y a toujours du « mourelou » dans la fontaine.

Tous deux descendirent à travers le jardin, le champ, et se trouvèrent à la fontaine. Lucien adorait cette petite salade tendre.

– Ils l'ont abîmée, cette année, dit-il.

– Ce sont les vaches qui ont piétiné tout autour, et comme c'est humide, elles ont défoncé un peu la terre, mais ça n'a pas empêché le mourelou de venir, il est même beau. Je sens qu'un de ces jours, tu vas déguster une bonne salade !

– Je vais le dire à mon grand-père, car nous aimons bien cette chose que nous ne trouvons plus qu'ici. Au Rouget, ça n'existe pas.

– Tu m'emmèneras un jour là-bas, où tu habites maintenant ?

– Je ne sais pas, je crois que tu ne t'y plairais pas.

– Pourquoi pas ?

– Fais-moi confiance, j'ai des raisons de le croire. On a dit qu'on se retrouverait toujours ici, on ne va pas commencer à tout changer.

– Bon, que fait-on ? On remonte par le vallon ?

– Oui, on remonte par la croze. Mais dis-moi, ta cousine qui vient de temps en temps en vacances à Lacoste, elle est venue cette année ?

– Je ne l'ai pas vue, elle doit venir bientôt, je lui dirai que tu veux la voir, elle sera contente !

– T'es pas fou ! J'ai des copines mieux qu'elle au Rouget.

– N'en parlons plus, je ne voulais pas te fâcher.

– Allez, on se quitte ici, à un de ces jours, dit-il, agacé.

Quel était donc cet ami invisible qu'il retrouvait chaque fois au même endroit ? Seul Lucien aurait pu répondre. Tous deux s'étaient déjà fâchés, mais ils se réconciliaient toujours. Lucien était le chef, il n'aimait pas que « l'autre » ne fût pas de son avis. Grand-mère partageait le secret. Un jour, elle l'avait surpris en train de bavarder alors qu'il était seul. Elle s'était rapprochée furtivement, et avait bien compris le manège. Après avoir été surpris une seconde fois à la fontaine proche de la maison, toujours à parler avec une ombre, il lui avait avoué que c'était un ami aussi, mais pas le même que celui du champ. Il avait donc deux amis, aussi invisibles l'un que l'autre, et qui lui apparaissaient selon l'humeur. Lucien avait le cœur assez grand pour s'inventer plusieurs amis.

Quand il revint de sa promenade, sa grand-mère lui sourit et lui dit à l'oreille :

– Tu l'as vu, ton ami d'en haut ?

Il fit un signe affirmatif puis, tout doucement :

– Je n'ai pas vu celle de la fontaine.

– Ce sera pour demain. Crois-moi, si c'est ton amie, elle ne tardera pas.

Lucien le savait, il la retrouverait quand il le déciderait.

La soirée se passa simplement. L'ombre tombait vite à Estarieu et, même en été, un voile de fraîcheur soudaine envahissait l'endroit. On aurait dit que même le ruissellement de l'eau toute proche se manifestait davantage. Puis l'ombre courait sur Boisset, grimpait sur les hauteurs et chassait les dernières clartés. La porte se fermait alors sur la nuit et, après le repas, tous se regroupaient au cantou. Un vieux fauteuil d'un côté de l'âtre, de l'autre la bergère en bois accueillaient près du feu somnolent les conversations du soir. On écoutait un peu les informations au poste de TSF. Lucien, curieux, posait toujours des questions.

A 19 h 44, sur Radio Luxembourg et Monte-Carlo, la famille Duraton amusait ses auditeurs. Les Sareille, friands de ces émissions, apportaient leurs appréciations personnelles. On pouvait entendre, parmi tant d'autres, les Frères Jacques sur Paris-Inter. Les informations, attentivement écoutées, imprégnaient l'atmosphère de sérieux. Lucien apprenait que Mendès France avait été élu président de la commission des Finances, le 7 juillet. Le 8, ouverture du débat financier à l'Assemblée nationale : La majoration de la taxe sur les carburants est votée par 308 voix contre 281. Justin Sareille disait que c'était toujours pareil :

– Ce sont des malins, ils annoncent qu'ils n'augmentent pas les impôts, mais ils majorent les taxes sur l'essence !

– Tu n'as pas de voiture, Pépé, tu ne paieras pas de taxe !

– C'est pour dire qu'on est toujours les dindons de la farce.

Puis la mauvaise humeur s'estompait.

L'enfance inachevée

Le grand-père savait raconter des histoires. A mesure que l'ombre s'installait, tout devenait mystérieux, inquiétant, tragique parfois. Il y avait des rires aussi, de l'extravagance et même des anecdotes de guerre, celle de 14, mais rien que des souvenirs heureux... Lucien se demandait parfois si la guerre ce n'était que cela, lui qui ignorait tout de ses dures réalités. Léonie taisait le reste, les quatre années et demie de séparation, de privations et d'angoisse qui avaient laissé sur son visage tant de marques indélébiles. Et entre ces deux-là qui lui donnaient le meilleur, et qu'il aimait tant sans le savoir, il se blottissait dans la lueur du cantou, puisant dans leur tendresse une chaleur qu'il n'identifiait pas encore.

Avant de s'endormir, le vieil homme et l'enfant sortaient de la maison, sous le faisceau lumineux d'une ampoule électrique placée au-dessus de la porte, s'éloignaient un peu et ouvraient leur braguette, face à l'obscurité...

Ils entendaient le curieux bruit du ruisselet, voyaient au loin, par temps clair, les lumières de Boisset qui ne se souciait pas de la nuit. Justin disait toujours en rentrant :
– Demain, il fera jour !
La maison refermait sa porte jusqu'au lendemain.

Quand Lucien se réveillait, le feu crépitait dans l'âtre, le bol de lait attendait, les tartines aussi.

– J'ai oublié de me réveiller, je voulais être le premier !

– Tu as tout le temps, mon pitiou, disait le grand-père. Il est même trop tôt et dehors il fait frais.

La pendule sonnait ses huit coups, huit coups si fortement martelés qu'on aurait dit qu'on les prenait au ventre. Coquette faisait la fête à Lucien et la chatte se frottait contre ses jambes, la queue en l'air. Léonie se levait plus tard.

– Alors, Pépé, on va aller chercher ce tonneau de vin à Boisset ?

– Nous irons dès que tu seras prêt.

– Tu as besoin de quelque chose, Mémé ?

– Pense à me porter des allumettes, il m'en reste à peine.

– J'y penserai, j'y penserai !

Le tonneau vide calé dans la brouette, les deux compères descendaient au village.

Un bon kilomètre à parcourir, dont une partie difficile jusqu'à la gare, parmi les cailloux qui se croyaient tout permis.

Sous le pont du chemin de fer, Lucien poussait toujours quelques cris pour obtenir l'étrange résonance que la construction renvoyait. Pourquoi s'en priver ! Quelquefois, le passage du train correspondait au leur et provoquait chez l'enfant quelques frayeurs vite dissipées.

– Si le pont tombait, on serait écrasés ?

– Il ne cassera jamais, un pont solide comme celui-là tiendra toujours.

– Oui, mais quand même, un jour...

– Avance, au lieu de traînailler, si tu commences ainsi, on n'est pas près de rentrer.

Cent cinquante mètres plus loin, ils franchissaient le pont qui enjambe la Moulègre, au lieu-dit La Riviera, un café-restaurant construit le long du cours d'eau. Les ondées claires et peu profondes caressaient les rochers, les cailloux, le bord des rives aux herbes touffues. Ici, la rivière se faisait large et douce comme pour se montrer en ralentissant son cours. Elle profitait sans doute de sa rencontre avec la clarté du soleil dont elle avait été privée en amont.

Justin attendait parfois le petit garçon qui rêvait, attentif à résoudre des problèmes inutiles, avec des questions sur tout. Pourquoi ceci ? Pourquoi cela ?

– Vous avez le petit, disait-on au grand-père, faut bien qu'il profite des vacances, pardi !

Justin répondait par des hochements de tête. Plus loin il s'arrêtait, discutait avec une connaissance qui avait toujours une attention pour Lucien. Quelques mots sur le temps qui voulait se gâter, et il reprenait les brancards. Au monument aux morts, virage serré à gauche, et la dernière côte se présentait avec un peu plus loin l'entrepôt du marchand de vin. Dans ce bâtiment, on sentait des odeurs particulières dans une atmosphère plutôt fraîche. Le commerçant, de forte corpulence, parlait un moment, examinait le tonneau vide et disait :

– Ce sera prêt dans une demi-heure, ou alors je vous donne ce tonneau-là...

– J'ai le temps, je repasserai dans un moment, faut que j'aille chez le boulanger.

– Vous avez le petit-fils cette année aussi, ça fait plaisir de le voir. Ils sont toujours au Rouget ?

– Oui, mais celui-là est un peu d'ici.

Lucien ne disait mot mais n'en pensait pas moins.

Ils arrivaient par des ruelles étroites à la boulangerie, accueillis par un énorme chien blanc, un saint-bernard qui, malgré sa gentillesse, impressionnait toujours Lucien.

– N'aie pas peur, il est très gentil !

– Oui, peut-être, mais il est si grand...

– Tiens, voilà le petit Sareille, disait Madame Lavergne, en apercevant Lucien. Tu es venu voir tes grands-parents ?

Cette femme était d'une gentillesse merveilleuse, son visage n'était que sourire, et elle était belle avec sa chevelure brune et longue. Lucien avait pour cette personne une certaine admiration.

Son mari apportait le pain du fournil, il était aimable. Une grande tourte était glissée dans le sac noir, un pain généreusement enfariné, encore tiède. Le parfum de cette boulangerie était unique, s'exhalait de partout, et déjà on avait envie de grignoter la miche.

– Tiens, c'est pour le chemin, disait la boulangère en offrant à Lucien une part de fouasse qu'il dévorait des yeux.

– Merci, madame.

– Et comment va la pauvre Mémé ?

Ne sachant pas trop quoi répondre, Justin dit :

– Elle ne va pas trop mal mais ça ne s'arrange guère, avec ces choses-là, vous savez...

Chacun ajoutait des mots inutiles, mais qui se voulaient aimables.

Lucien savait que sa grand-mère avait quelque chose au dos, aux jambes et même au cœur. Ce qu'il ne comprenait pas, c'était qu'on ne puisse la soigner davantage.

– Tu ne veux pas voir ton ancienne école ?

Lucien fit non de la tête. Il n'en gardait qu'un mauvais souvenir. C'est ici qu'il avait subi le plus grand outrage de sa vie, et il savait, bien qu'il fût tout jeune encore, que rien au monde ne l'effacerait jamais. Un jour de classe, une institutrice, fort intelligente sans aucun doute, lui mit sur la tête un bonnet d'âne ! Cette humiliation gomma tout le reste et demeura indélébile. Qui saura un jour toutes les larmes que versa Lucien ? Mais celles qu'il dut retenir, sans aucun doute, le blessèrent bien plus encore.

Avant d'aller au Rouget, ses parents l'avaient pris une année à Rouziers, chez les grands-parents paternels. Là, une autre mésaventure arriva à l'école. On se moquait de lui, on le raillait ; il fallait une tête de Turc et la sienne faisait bien l'affaire. C'était à la fin d'une récréation, tous les enfants se bousculaient. Le fils de l'institutrice fit tomber Lucien et, pour se montrer vis-à-vis des autres, marcha sur le garçon et le piétina fièrement. Les autres riaient. La classe reprit sans que quiconque se préoccupât de Lucien, meurtri dans sa chair et dans son cœur. Quand il raconta l'affaire chez lui, on ne l'écouta pas. Personne ne se serait permis d'adresser le moindre reproche à l'institutrice, à qui l'on permettait de venir cueillir des cerises... Jusque-là, on ne pouvait pas dire que l'école primaire lui laissait de bons souvenirs. Il devait bien y en avoir d'autres, mais lesquels ?

Quand ils passèrent devant l'église, Lucien ne put s'empêcher de s'approcher et d'observer le buste de bronze du poète Jean-Baptiste Brayat qui lui offrait son sourire énigmatique. Une statue qui sourit, ce n'est pas ordinaire. Depuis toujours celle-là intriguait Lucien.

– Ce soir, Pépé, tu me raconteras son histoire ? Je la connais mais j'aimerais encore une fois...

– C'est entendu, Lucien.

Ils se retrouvèrent chez le boucher-charcutier. Là, quelqu'un dit : « C'est tout le portrait de sa mère... »

Sans avoir oublié l'achat des allumettes pour grand-mère, ils retournèrent vers le marchand de vin, chargés de leurs sacs à provisions. Justin discutait avec le commerçant tandis que Lucien observait un employé affairé à laver et préparer un tonneau. Par la bonde du bouge, il glissait à l'intérieur une chaîne de cinq ou six mètres de long, retenue par un maillon plus gros, et ajoutait une quantité d'eau. L'homme se saisissait ensuite du tonneau par les deux bords et, d'un mouvement bien rythmé, le balançait de gauche à droite en le faisant pivoter sur lui-même. Le contenu faisait un bruit étrange. Puis le tonneau se vidait sur une grille avec des « glops » et des « glaps » qui résonnaient étrangement dans l'égout. On aurait dit que le tonneau reprenait sa respiration de temps en temps. Puis la manœuvre du balancement reprenait, sans eau cette fois ; la chaîne produisait un bruit différent dans le ventre du tonneau. L'opération terminée, la barrique rincée et la chaîne retirée, une tablette de soufre brûlant dégageant une forte odeur était introduite dans le tonneau.

– Ça t'intéresse donc, petit ?

Lucien disait oui de la tête, sans bien savoir quoi répondre. Le tonneau était désormais prêt à l'emploi.

Pendant ce temps, Justin avait réglé ce qu'il devait, trinqué un bon coup et se préparait pour le retour, le tonneau bien arrimé sur la brouette, avec les sacs de provisions.

– Tu as un grand-père solide, petit, lui disait-on.

C'était vrai, l'homme était trapu, doté d'une force impressionnante. Son chapeau ne le quittait jamais, protégeant une calvitie totale qui avait toujours fasciné Lucien.

– Tu crois que ça ira, Pépé, tu as peut-être trop chargé la brouette !

– Ne t'inquiète pas, Lucien, nous prendrons tout notre temps. Le plus pénible sera après le pont, mais tu m'aideras ?

– Je porterai le sac le plus lourd, si tu veux.

La barrique pleine pesait bien cent kilos. Le soleil jouant avec les nuages attirait la sueur sur le front et les tempes. Comme pour aider son aïeul, Lucien ne parlait pas, le suivant en silence, attentif à ses moindres écarts de mouvements. Tous deux s'arrêtaient de temps à autre, l'un reprenant son souffle, l'autre surveillant.

Quand ils arrivèrent au pont, Lucien vit que son grand-père peinait davantage. Il se saisit d'un sac, glissa un bâton dans les poignées et, à la manière d'un marcheur de grand chemin, le hissa sur son dos. Justin acquiesçait de la tête. A la gare, face à la partie la plus pénible, son grand-père lui dit :

– Tu vois comme c'est drôle, on a de quoi boire un coup, et pourtant je crève de soif !

Tous deux riaient. Le dernier morceau de route était caillouteux. Lucien entendait des « milladiou » – juron préféré de Justin – lorsque la roue butait sur une pierre, et il y en avait tant et tant. Devant la scierie, une halte s'imposa. L'Antonin paya un coup à boire, discuta cinq minutes.

Allez... La dernière montée ! Le grand-père aha-
nait, suait et jurait. Estarieu était tout proche, la
fontaine les attendait.

Lucien s'y désaltéra avidement. Justin dit en arri-
vant :

– Je ne sais pas comment je ferai un jour, mais ça
devient de plus en plus lourd.

– Oh ! Je sais bien que tu trouveras un moyen, tu
ne resteras pas sans vin à la cave, répondit Léonie
en riant.

Lucien savait pourquoi son grand-père allait chercher son vin, plutôt que de le faire livrer...

Le tonneau fut placé dans la cave. Avec de petits
coups habiles, suivis d'un dernier plus décisif, Justin
plaça le robinet qui s'incrusta dans le fond plat en
chassant le bouchon de liège.

– Voilà qui est fait pour quelques jours, dit-il, satisfait.

– Tu vas boire tout ça, Pépé ?

– Il me faudra bien deux ou trois jours pour arriver à bout de cette barrique, si tu m'aides un peu...

Et tous deux riaient de bon cœur.

Il s'essuyait le visage avec son mouchoir, en sou-
levant un peu son chapeau.

Pendant que Léonie vérifiait les achats, Justin suspendait un chapelet de saucisses sous la hotte de la
cheminée. Cet endroit sombre cachait toujours
quelques trésors de victuailles, saucissons, jambons

qui séchaient dans la chaleur et la fumée de la cheminée.

Il y avait aussi, roulé dans des chiffons, un grand fusil de guerre avec sa baïonnette, à qui l'on faisait prendre l'air de temps en temps. Une arme impressionnante ! Lucien savait aussi où se cachaient les munitions.

Léonie avait commencé à préparer le repas et pelé les pommes de terre. Il y aurait des côtes de porc aujourd'hui sur la table, ramenées de Boisset le matin même, et des pommes sautées.

Les nuages ne laissaient guère d'espace aux rayons du soleil. Justin observait le ciel, lorsqu'une voiture se gara près de la fontaine. Un gros homme, que l'on connaissait bien ici, en descendit. Le patron du restaurant de la gare venait sans doute passer sa commande de truites. Il s'assit à la table et, devant un verre, annonça :

– Il me les faut pour dimanche, j'ai un gros banquet !

– Vous ne me donnez pas beaucoup de temps...

– Je demanderais bien à...

– C'est d'accord, on va s'en occuper, répondit Justin qui craignait de perdre la commande.

Tout en sachant qu'on l'exploitait un peu, c'était là ce qui améliorait l'ordinaire.

– Il vous en faudrait combien ?

– Une bonne trentaine au minimum, vous savez

bien que, s'il y en a quelques-unes de plus, je les prendrai aussi, comme d'habitude.

– Vous aurez tout ce qu'il vous faut pour samedi. Passerez-vous les chercher ?

– Je passerai, entendu !

Justin fournissait ainsi deux restaurants. Ils pouvaient compter sur lui, même au prix de longs déplacements à travers le pays, le long des ruisseaux qu'il connaissait par cœur. Les yeux de Lucien brillaient, trahissant une joie non retenue.

– On ira tous les deux ?

– Bien sûr, mon petit, si tu arrives à te lever de bonne heure !

L'après-midi se passa comme les autres.

– S'il pouvait éclater un bon orage, ce serait bon pour demain, annonça le pêcheur avant de s'en aller vers sa sieste quotidienne.

Vers les 5 heures, il se préparerait pour la pêche du lendemain.

Léonie s'installa sous l'appentis avec son tricotage, et Lucien décida d'aller vers le jardin du champ, suivi de Coquette qui se fit prier.

– Viens boire à la fontaine, Coquette, viens, il fait si chaud, lui dit-il pour l'amadouer.

Pendant que l'animal lapait l'eau fraîche, Lucien s'était assis sur la pierre plate qui servait à laver le linge, puis :

– Alors, tu es venu me voir, dit-il en s'adressant à l'invisible.

– Je savais que tu étais là, je t'ai vu hier, mais tu ne m'as pas parlé.

– Je suis venu te dire que demain, j'irai à la pêche, alors ne m'attends pas. Je ne t'emmène pas, je sais bien que tu ne peux pas quitter cet endroit. Je veux être seul avec mon grand-père, on a des choses à faire ensemble. On n'emmène pas les filles, parce que tu es une fille...

– Tu es vraiment bizarre, tu m'as inventée en fille et voilà...

– Ici c'est le coin des filles, c'est comme ça. Au Rouget, il y en a des vraies, mais je ne peux pas les emmener non plus.

– T'as une petite amie ?

– Oui, mais je ne la vois pas souvent, c'est une fille de riche. Ses parents la surveillent quand elle est avec moi.

– Pourquoi ?

– Je ne sais pas, mais un jour, quand je serai grand, tout s'arrangera. Rassure-toi, je t'aime bien aussi, et à toi je peux le dire, tu es presque plus jolie !

– Tu dis ça pour me faire plaisir, Lucien ? Pas vrai ?

Lucien faisait de grands gestes tout en parlant. Coquette avait disparu.

– Bon, je vais au jardin du champ, au revoir.

L'enfant tout heureux marchait sur la route en sifflotant. Tantôt il regardait vers la maison de ses grands-parents, tantôt vers ce jardin, dans le premier virage. Sur le talus de droite, abrupt sur près de

48

deux mètres et bordé par des bruyères, il jouait à imaginer des images et des formes parmi les rares mousses qui essayaient de s'incruster. Mais la terre et les pierres refusaient ces locataires, n'acceptant que le passage de lézards verts ou gris ou bien de souris des champs, parfois quelques serpents. Son regard furetait, cherchait dans toutes les directions.

– Où est-il passé ? disait-il en s'impatientant.

Après avoir dépassé le jardin, il continuait sur le chemin qui conduisait au village de Lacoste. Armé d'un bâton, il marchait d'un bon pas lorsqu'il entendit un bruit étrange dans le taillis du dessous. Il s'immobilisa et, tout doucement, lança un coup d'œil en direction de l'événement. Rien n'apparaissait, mais le bruit continuait. On marchait dans les fougères, sur le tapis de feuilles, il en était sûr. L'inquiétude le gagna, puis la peur, tout bêtement, tant l'endroit était sombre et les arbres feuillus et serrés.

Il pensa à son ami, l'appela à la rescousse :

– Alors, où es-tu ?

– Je suis là, derrière toi, tu es un poltron.

Lucien, son bâton à bout de bras, cingla l'espace en pivotant, comme pour atteindre son compagnon.

– Pour t'apprendre à me laisser tout seul !

Puis ce fut le silence. Lucien avait eu peur d'un bruit et n'aimait pas le reconnaître. Il revint sur ses pas et s'assit au milieu du jardin, contemplant l'espace.

– Tu ne m'en veux pas ? Je sais que tu es là.

– Oui, je suis là, je suis toujours là quand tu le veux, mais lorsque tu es méchant, je préfère ne pas te répondre.

– Faisons la paix. Tu n'as rien vu dans le bois ? J'ai bien entendu quelque chose, et toi ?

– Il y avait peut-être un chien, ou un chat...

– N'en parlons plus. Est-ce que ta cousine est revenue à Lacoste ?

– Non, pas encore.

– Demain je vais à la pêche avec mon grand-père, je te verrai peut-être le soir, si nous rentrons assez tôt, mais c'est une grande et longue pêche, on lui en a commandé au moins cinquante !

– C'est beaucoup, mais ton grand-père est un grand pêcheur.

– Pour ça oui, ce doit être le meilleur du pays.

Ils entendirent cette fois des bruits venant de la route. Tendant l'oreille, ils comprirent. La petite Léonie de Lacoste conduisait ses moutons par les taillis et les bords de routes. Son cri si particulier pour ramener les bêtes troua le silence de la nature : Struuuuh ! struuuuh ! Quelque mouton égaré, voilà l'explication de ce qu'ils avaient entendu dans le bois. Lucien connaissait bien la petite Léonie de Lacoste qui menait souvent paître ses moutons vers Estarieu. Sa grand-mère portait le même prénom, et toutes deux aimaient bavarder ensemble, de tout et de rien, en buvant un café – même réchauffé –, que la bergère adorait.

– C'est une pauvre femme qu'on exploite totalement, avait dit la grand-mère de Lucien.

De très petite taille, sans âge, tout habillée de sombre, elle ressemblait à un point noir au milieu de son troupeau. Quand elle voyait Lucien, son visage de pomme ridée s'éclairait d'un tendre sourire. « Mon petit Lucien », disait-elle. Autrefois, quand le garçon était à Estarieu, elle lui portait presque chaque jour une pomme qu'elle dérobait pour lui. Puis, sur des mots qu'elle savait doux aux oreilles des enfants, elle s'éclipsait comme son troupeau à travers les taillis, et disparaissait.

Quand elle l'aperçut dans le jardin, elle lui fit un grand signe avec son bâton et l'appela. Lucien s'approcha. Il eut droit à cette gentillesse des gens simples et maladroits. « Je suis si contente de te revoir... » Le troupeau, resserré d'un côté par le talus et le jardin de l'autre, envahissait toute la route. Les bêtes bêlaient et bousculaient Lucien de tout côté, entraînant des odeurs d'agneaux. Puis le silence revint.

– On descend à la fontaine au mourelou ?

Le mourelou était le nom donné au mouron aquatique à fleurs blanches des fontaines, une variété de morgeline, qui se consomme comme de la salade.

– Bien sûr, nous y allons, mais il faudra aller aussi au pic pelé, nous ferons une descente fantastique !

– Promis.

Une fois encore, ils traînaient vers la fontaine du

grand pré, au-dessus d'une ancienne ferme abandonnée. En repoussant le tapis vert que constituait
le mourelou, Lucien plongeait ses pieds dans l'eau
froide et demandait à son ami de faire exactement
comme lui. Prenant l'eau entre ses mains, il la laissait s'échapper en un filet indiscipliné sur ses pieds.
Soudain jaillit une idée.

– Je vais te baptiser !

– Tu sais faire ? Comme un vrai baptême ?

– Je sers la messe et assiste aux baptêmes, je vais
te baptiser, mets-toi là.

– Tu es sûr que ça ne risque rien ?

– Ne sois pas ridicule, ne bouge pas. C'est juste
pour rigoler, mais je serai peut-être curé un jour, ça
pourrait arriver...

Il fit ruisseler l'eau sur son ami :

– Je te baptise, au nom du Père, du Fils et du
Saint-Esprit. Tu vois, ce n'est pas compliqué !

– Quel nom m'as-tu donné ?

Lucien réfléchissait, il fallait trouver un joli prénom.

– Je t'ai baptisé du prénom de Selme, tu seras le
seul, es-tu content ?

– Bizarre ce nom, mais comme tu dis, je serai le
seul, je suis donc le petit Selme ! Et après ?

– C'est tout, le reste se dit dans une église, c'est
comme les prières pour ma grand-mère, tu comprends ?

Selme acquiesça. Ils oublièrent le baptême et jouèrent. Puis :

— Je m'en vais, je vais rejoindre mon grand-père, il doit m'attendre, il faut se préparer pour demain.

Lucien rejoignit la maison où Justin avait commencé de vérifier le matériel de pêche. Il montait ses hameçons lui-même, chaussé de ses lunettes au bout du nez. Il avait une dextérité pour fixer le nylon à l'hameçon en terminant par le fil qu'il passait dans la minuscule boucle et qu'il tirait ensuite pour terminer l'opération. Pour poser les plombs sur le fil, c'était aussi simple. Il glissait le fil dans le plomb préalablement fendu et le serrait entre ses dents.

— Alors, tu as pensé à ramasser des vers ?

— Non, j'y vais tout de suite.

Dans le jardinet du remblai, il y avait un endroit propice à ce genre de récolte, celui où l'on déposait les détritus des légumes qui devenaient terreau et fumier en même temps. Là, en cherchant bien, on trouvait les plus beaux vers qui soient pour les truites. Un instant plus tard, dans la boîte métallique circulaire – ancienne boîte à pastilles – grouillait une soixantaine de vers rouges, tous prêts à être transpercés par l'hameçon terrible qui les emporterait vers leur destin cruel.

— Il y en aura assez, Pépé ?

— Avec cette quantité, je ne risque pas de tomber en panne. Il va pleuvoir dans quelques minutes, tu as bien fait de te dépêcher, Lucien. Regarde-moi tous ces moustiques !

Les nuages arrivaient sur le pays et l'assombrissaient.

– Ce sera bon pour demain, assura Justin.

– J'espère que cet orage ne nous empêchera pas d'y aller, dit Lucien.

Il plut abondamment durant une demi-heure, puis le ciel se débarrassa de ses nuages pour installer une nuit toute neuve.

Derrière la fenêtre, Lucien avait suivi attentivement le déroulement du temps. Il se plaisait à inventorier tous les objets qui se trouvaient à proximité : le calendrier avec sa pelote en demi-lune truffée d'épingles, d'aiguilles, d'hameçons, avec sur le bas la pochette à soufflet qui permettait de placer quelques lettres en attente de réponse. Face au calendrier était suspendue une petite glace encadrée de bois que grand-père utilisait quand il se rasait. Il y avait toujours quelque chose d'intéressant près de cette fenêtre, ne serait-ce que ce poste de TSF tout en bois. Au Rouget il n'y avait pas de radio.

Avant de fermer la porte, on observait toujours la nuit, sauf quand il pleuvait ou que le brouillard l'obstruait. La lune intriguait Lucien.

– Un jour, peut-être, les hommes iront sur la Lune, disait Justin.

– Je me demande bien comment ils feront et ce

qu'ils y trouveront, tout ça, ce sont des histoires. Quel chemin prendraient-ils ?

– Le chemin de la lune, pardi !

Tous deux riaient.

– Tu sais bien qu'elle est aussi dans la fontaine, et c'est plus commode pour la regarder.

– Qu'est-ce que tu me racontes, Pépé ? Je ne te crois pas, et puis je n'ai plus cinq ans, ce n'est plus la même chose.

– Ce soir, tu iras voir à la fontaine, mais nous irons tous les deux.

– Tu veux dire qu'on prendra le chemin de la lune ?

– Tu y es bien souvent dans la lune, mais ce soir tu la verras tout près... comme quand tu étais petit.

Lucien se souvenait que, enfant, il avait inventé un système très simple pour déposer un caillou sur la Lune. Attaché à une ficelle fixée au bout d'un bâton, il le laissait descendre jusqu'à effleurer l'eau, mais la pierre n'atteignait jamais son but. L'image se brisait et, mille fois recommencée, l'expérience échouait.

La lune était bien au rendez-vous. Lucien jeta une pierre dans l'eau qui brisa aussitôt le miroir. Ils riaient tous deux en rentrant.

– Mémé, la lune était dans la fontaine !

– Rien d'étonnant, dit-elle. Pour l'instant, tu vas bien dormir car tu sais ce qui t'attend demain matin ?

– Oh ! Oui ! Je sais. C'est bien dommage car j'aurais bien écouté des histoires, ce soir. Ce sera pour
une autre fois.

Un bref instant, avant de fermer les yeux, Lucien
sut qu'il était avec ses grands-parents le plus heureux des enfants. Le cœur gonflé de joie, il tira sur
la cordelette qui actionnait l'interrupteur, s'enfonça
au fond des draps rêches, et s'endormit en rêvant à
une pêche miraculeuse.

4

Six coups ont sonné à la pendule. Lucien, dans la chambre d'à côté, n'a rien entendu. Justin a allumé le feu et préparé le café et le lait pour le petit. Il doit s'approcher du lit de l'enfant :

– Lucien ! Lève-toi, c'est l'heure.

Ces quelques mots sont suffisants ; le voilà debout, encore embarrassé de sommeil mais conscient déjà de la belle journée qui l'attend. Pour rien au monde, il ne donnerait sa place. Il sourit à sa grand-mère qui le regarde de son lit.

– Bois ton lait bien chaud et mange au moins deux tartines, tu as du chemin à faire, mon pitiou. Tu prendras garde aux serpents, munis-toi d'un gros bâton !

– Oui, Mémé, je te promets.

Vêtu d'un pull supplémentaire qui le gêne un peu, chaussé de bottillons, le voilà fin prêt. Coquette est tout heureuse, croyant se joindre à eux ; mais on fermera la porte sur elle.

– C'est dommage qu'elle ne vienne pas.

– Avec elle, je ne peux pas pêcher. Elle court partout, gratte dans tous les recoins et patauge dans l'eau. Comment veux-tu faire ? Les poissons ne sont pas fous... Elle n'est pas malheureuse ici, et puis ça fait une compagnie à ta grand-mère.

– Pour la chasse, ce n'est pas pareil ?

– Pour la chasse c'est différent. Je l'emmène, même si elle me fait des bêtises.

Justin s'équipait d'une gaule de bambou clair, d'un panier de pêche et de sa veste de pluie qui lui servait aussi pour la chasse. Dans le double fond de ce vêtement, on devinait un volume qui rassurait : le casse-croûte ! Bien qu'il ne provoquât pas d'envie à l'heure du départ, on connaissait son importance quand le moment du repas tenaillerait les estomacs vides.

Le temps n'était ni beau ni mauvais, mais dans le cœur de Lucien, il faisait grand soleil !

Presque 7 heures, il fallait hâter le pas. Comme il faisait bon dans le sous-bois ! Les fougères impériales, encore dégoulinantes de pluie ou de rosée, semblaient leur dessiner une haie d'honneur, même si parfois elles caressaient fraîchement le visage de Lucien.

Pour qui sait voir et observer, les sous-bois ont d'étranges tapis qui savent étouffer le bruit des pas. Quelques oiseaux déguerpissent parfois sans bruit, comme le merle ou la pie-grièche. Le geai, lui, prévient tous les autres, et on peut deviner à son passage quelques ombres bleutées. Plus loin, des rouges-gorges, des pinsons, des mésanges bleues s'affairent en pépiant et gazouillant, dans cette parcelle de terre oubliée dont les pommiers sont envahis de gui blanc.

— Il n'y a pas de champignons à cette saison, Pépé ?

— Non, cette année il n'y a pas eu de poussée d'été. Si nous étions en octobre, à coup sûr, tu trouverais des cèpes, des girolles, tu remplirais un panier, mais en ce moment il n'y a rien, que des fleurs, des herbes et des ronces.

Une prairie se présentait, et leur passage faisait une seule trace qui s'allongeait derrière eux. Lucien ne connaissait pas les noms de toutes les fleurs : trèfles rouges, achillées à fleur blanche, reines des prés, angéliques sauvages et mille autres encore. Il différenciait les marguerites, les pensées, les boutons-d'or et les « pétarets » – silène enflé – dont on fait éclater la fleur sur le dos de la main.

— Je vais te tailler un solide bâton dans ces coudriers qui bordent le pré, ce sera plus commode pour marcher et dégager les ronces.

— Je n'osais pas te le demander, je marchais avec ce bout de branche...

Ils allaient d'un bon pas et atterrirent sur la voie du chemin de fer.

— Ça va nous faire gagner du temps.

Et les voilà tous deux à marquer la cadence sur les traverses de bois, entre les rails. Justin récupérait parfois les clous qui dataient les traverses. En effet, les plus anciens semblaient rejetés et expulsés par la masse du bois, et il n'y avait qu'à se baisser pour les ramasser. L'homme avait pour habitude de tout ramener à la maison...

Contre le talus, d'immenses molènes montraient leurs longs épis jaunes et laineux, en compagnie de scabieuses et d'épilobes roses.

– Avance, au lieu de regarder pousser les fleurs !

Malgré le bruit de leurs pas cadencés, celui de l'eau arriva jusqu'à eux. Quittant les rails et la tristesse de la voie ferrée, ils se faufilaient maintenant à travers d'immenses fougères et atteignaient les bords du ruisseau, dans un sous-bois dont les ramures laissaient passer les rayons du soleil qui avait décidé de se montrer.

Justin prépara son attirail en donnant les conseils d'usage à Lucien.

– Tu ne cours pas au-devant au risque d'effrayer le poisson, tu parles doucement, etc.

Lucien promettait de tout son cœur, trop heureux d'être là. La fraîcheur des lieux lui faisait même plaisir, et le spectacle de l'eau, dans le cheminement qu'elle s'était creusé le fascinait. De chaque côté, c'étaient des bois sauvages, et quelques arbres ne se gênaient pas pour empiéter sur l'eau et créer un méandre profond.

Les trois morceaux qui constituaient la gaule étaient vite emmanchés. La ligne était composée d'un fil de nylon résistant à quatre kilos et demi, de trois plombs et d'un hameçon de quatre. Déjà, le premier ver était sacrifié.

– Nous allons commencer ici, remonter le ruisseau assez haut. Après, nous verrons...

La pêche commençait. Lancé par une main experte, l'appât tombait à l'endroit choisi, se laissait ensuite porter par le courant, contournait les pierres et se laissait glisser sous elles. L'opération se tentait deux fois à la même place. L'air frais et le bruit de l'eau mobilisaient l'espace. Ils avançaient lentement, contournant les arbres et les gros rochers parfois entourés d'une brume légère, un mince brouillard.

Attentif, Lucien observait de tous ses yeux et de toute son âme, attendant le geste vainqueur. Puis la première prise arriva, une truite de dix-sept centimètres environ.

– Oui, à moi de la décrocher, cria-t-il.

– Tu la rejettes à l'eau, c'est trop petit, il y en aura d'autres.

Dommage, pour la première ! Mais il avait tenu dans ses mains la première truite, cette chose visqueuse qui n'arrête pas de se contorsionner. Justin respectait le règlement qui voulait que la mesure minimum des truites pêchées soit de dix-huit centimètres. Son permis de pêche le mentionnait.

61

– Place donc quelques fougères dans le panier, ce sera prêt pour la prochaine.

Sitôt demandé, sitôt fait. Justin prit à l'instant une truite si vive qu'elle se décrocha et se perdit dans les feuilles recouvrant la rive. Elle sautillait vers le ruisseau et Lucien, tout heureux, la récupéra de justesse. Il la tua, à la manière enseignée par son grand-père, en lui enfonçant le pouce dans la gueule et en lui retournant la tête vers l'arrière, jusqu'à entendre un petit craquement. Parfois, il fallait se munir d'un chiffon, car les dents puissantes blessaient les doigts. La bête, alors immobile, glissait dans le panier par le petit orifice aménagé dans le couvercle.

La pêche semblait bien commencer. Le pêcheur ajustait, lançait la ligne et guidait la gaule, parfois de ses deux mains, dans quelques lacets aux recoins profonds et sombres.

– C'est étonnant qu'il n'y ait rien ici, dit-il.

A la deuxième tentative, une force tira sur la ligne et courba la gaule. Avec dextérité, une magnifique fario fut ramenée vers Lucien qui eut du mal à la saisir de ses mains trop petites. Une belle prise, tachetée et marquetée de points rouges comme des fleurs.

– Celle-ci fait plus que la mesure ! Tu as vu la bête, Pépé ?

Justin s'exerçait déjà plus loin. Pour traverser la rivière, car il faut aller d'un bord à l'autre parfois,

Justin le prenait sous son bras et le transportait ainsi quand il ne pouvait pas faire autrement. Lucien était de petite taille pour son âge.

– Tu me serres trop, Pépé.

En riant et trébuchant, car les bords n'étaient pas toujours aisés, il le déposait sur l'autre rive.

– Plus haut, tu pourras traverser tout seul, c'est moins profond.

Les truites, une à une, rejoignaient le panier. Quelques martins-pêcheurs exerçaient leur art. Mille insectes volaient au-dessus de l'eau qui gazouillait parmi les cailloux, les gros rochers, les souches d'arbres. Une odeur particulière, mêlée de fraîcheur, de légère pourriture de bois, de terre et de mousse, traînait dans ces fonds.

Une prairie s'annonça par une clarté soudaine. Les touffes d'herbes nouvelles, non fauchées, dissimulaient le ruisseau, et des iris égarés surprenaient par endroits, le long des barbelés oubliés depuis longtemps. Lucien commençait à avoir faim.

– J'ai faim.

– Déjà ? Nous avons à peine commencé, attends encore un moment. Mange des mûres ou des framboises, il est trop tôt pour casser la croûte et ça mord pas mal en ce moment. Tu veux peut-être boire un petit coup ?

– Oui, j'ai soif !

Une petite halte permettait à Lucien de boire à

même la bouteille un mélange de café et d'eau, le tout légèrement sucré. C'était merveilleux !

– Maintenant, place aux sauterelles ! annonçait Justin, qui préférait employer cet appât quand le ruisseau traversait une prairie.

Lucien attrapait ces insectes qui sautaient par milliers dans l'herbe, maintenant séchée par le soleil, et les rapportait à son grand-père. En s'éloignant du ruisseau pour en ramener d'autres, une mare sournoise, traître et boueuse, lui aspira le pied et la jambe tout entière. Justin qui connaissait ce problème vint à son secours. La chaussure restée au fond refusait de faire surface ! Justin jurait !

– Fais attention, Lucien, dans ces marécages il faut être très prudent. C'est chaque fois pareil !

Il criait, il pestait, mais tous deux savaient que ça recommencerait.

Le temps passait malgré eux en douce. Des nuages s'amoncelaient dans le ciel. Les mouches et les taons devenaient entreprenants. Une forte odeur leur parvenait.

– Sûrement une vipère ou une couleuvre en décomposition, dit Justin. Prends garde où tu mets les pieds, il pourrait y en avoir de vivantes !

L'enfant devint très attentif. La fin de la prairie marécageuse se dessinait pour laisser place à un énorme désordre de la nature. L'eau épousait parfaitement les tergiversations du ruisseau caché par des vergnes, des frênes, des merisiers et des noisetiers sauvages. Les ronces vigoureuses, parcourues de clématites, s'amusaient à tisser des entrelacs impénétrables. Plus loin, quelques buissons noirs éloignaient les intrus de toutes leurs épines, préparant pour novembre ces prunelles immangeables avant les gelées, tandis que les angéliques ouvraient leurs fleurs en ombelles. Un bosquet bordé de noisetiers, de sureaux qui montraient déjà les boules serrées de leurs fruits qui deviendraient couleur de vin, offrait un lieu agréable pour une halte bien méritée.

– Nous allons nous arrêter ici, à moins que tu ne veuilles continuer un bout de chemin ?

– D'accord pour manger, j'ai drôlement faim...

Justin choisit un endroit propre, où il serait facile de s'asseoir sur un tertre d'herbe rase et maigre. Le panier fut déposé, la gaule rangée. Justin déballa ce qui était pour Lucien un vrai trésor : du pain de campagne, du lard avec du salé, un bout de fromage de Cantal, du bleu d'Auvergne, qui, une fois libéré de son papier protecteur, livrait toute sa savoureuse histoire, et des pommes. Sans oublier la boisson, dans sa bouteille à bouchon mécanique.

Lucien dévorait comme s'il avait jeûné des jours entiers. Le salé sur ce pain de seigle et de froment, il n'y avait rien de meilleur. Quant au bleu, il torturait les papilles et son odeur attirait des mouches heureuses de l'aubaine. Après cela, les pommes avaient un goût bien ordinaire.

65

Ils étaient là, l'un près de l'autre, comme deux hommes. L'enfant buvait à la bouteille, se servait du couteau.

– On est bien ici, pas vrai, Pépé ?

Bien qu'il n'ignorât pas que son grand-père pêchait pour gagner quelque argent, Lucien aurait aimé bavarder des heures, écouter des histoires de pêche ou de chasse. Il n'avait guère envie de reprendre la suite des opérations. Les moustiques et le soleil dévoraient ses jambes.

Justin regarda l'heure à sa montre-gousset attachée et retenue par un lacet de cuir. Puis la lame du couteau claqua en se fermant. Ils rassemblèrent ce qui restait et Justin le glissa dans la grande poche du dos de sa veste. Il n'y avait presque plus de boisson.

La pêche reprit. Le temps se gâtait. Après qu'ils eurent parcouru cent cinquante mètres environ, le ciel devint noir, et déjà de grosses gouttes s'écrasaient sur les feuillages. L'orage était là, sur eux. Un abri de fortune fut rapidement trouvé, contre un talus, sous une souche qui le surplombait.

Lucien avait peur mais ne le manifestait pas, sinon la prochaine fois... son grand-père ne l'emmènerait peut-être pas. Justin ouvrit sa veste et Lucien, se faisant le plus petit possible, se colla contre lui, là où il pouvait entendre battre son cœur. Il pleuvait abondamment, l'eau coulait des bords du chapeau de Justin comme d'une gouttière. Il jurait à cause du temps perdu. Blotti dans son refuge douillet, Lucien demeurait immobile. Là, il ne risquait rien, tout près du souffle chaud. Il reconnaissait l'odeur de cette transpiration. Sa pensée s'enfuit une seconde vers ses parents. S'ils savaient... Il pensa aussi à ses amis de la fontaine et du jardin, il leur raconterait.

Puis l'orage se calma enfin. Ils scrutèrent le ciel.

– Tu vois, c'est fini, juste un coquin d'orage. Espérons que cela va les faire mordre !

Lucien quitta l'abri à regret. Il aurait aimé rester là encore longtemps, à contempler la pluie, bien au chaud, contre le cœur de son grand-père. Il savait déjà qu'il conserverait de cet instant un souvenir impérissable.

Ils respiraient mieux, l'atmosphère sentait l'odeur tiède de la terre. L'herbe mouillée trempa rapidement la culotte du petit. Avec les eaux troubles, les truites que Justin prenait ne faisaient plus la dimension requise, il fallait les remettre à l'eau.

– Pour l'année prochaine, disait-il.

Puis, avec un petit souci dans le regard :

– J'espère que dans un moment ça va recommencer à mordre pour les grosses.

Un peu plus tard, les prises confirmèrent ses souhaits.

– Je crois qu'on va redescendre, on est bien haut maintenant.

Ses gestes prenaient du plaisir, cela se voyait.

– Mais tu es trempé comme une soupe, lança-t-il

67

en fronçant ses sourcils aussi blancs que sa fine moustache, tu n'as rien de sec !

C'était vrai, à force de se faufiler entre branches et fougères mouillées, les vêtements de Lucien étaient plus qu'humides.

— Mets ce tricot et donne-moi le tien, mais fais attention, ne l'accroche pas aux ronces !

Lucien se trouvait plus au sec, mais déguisé.

Justin paraissait satisfait. La commande du restaurateur étant importante, il ne fallait pas perdre trop de temps. Voici qu'un autre pêcheur se présenta et s'adressa à Justin :

— Ça va comme vous voulez ?

— Oh non ! D'ailleurs j'allais rentrer, dit Justin avec un clin d'œil discret à Lucien qui connaissait la ruse...

On ne devait jamais encourager les autres pêcheurs.

— C'est vrai petit ? Vous n'avez rien pris ?

— Rien du tout, à part l'orage, et ça suffit bien.

Brave petit, pensa le grand-père.

Quelques mètres plus loin, Justin décidait de rentrer.

— Nous passerons à la maison et, comme il n'est pas trop tard, je voudrais bien aller essayer un autre ruisseau.

— Je pourrai venir, Pépé ? Je saurai marcher sans que tu me portes comme quand j'étais petit, tu t'en souviens ?

— Je finissais la pêche en te portant sur mon dos,

je ne pouvais pas te laisser au milieu des bois. Il y a longtemps que nous partons ensemble, pas vrai ?

Lucien répondit par un acquiescement de la tête et avec un grand et beau sourire. Les parties de pêche ne dataient pas d'aujourd'hui, certes, et Lucien aurait bien accepté que son grand-père le portât encore. Ce contact physique lui plaisait. Justin démonta la gaule, passa deux élastiques pour grouper les trois parties puis :

– Tu ne veux pas un bout de pain, tu n'as pas une petite faim ?

– Oh si, Pépé ! j'ai même soif.

Tout en marchant, ils se sustentaient. Le même chemin les ramenait à Estarieu.

Grand-mère sourit de l'accoutrement de son petit-fils, et Coquette les accueillit avec débordement.

– Viens que je te change, heureusement que nous sommes en été.

Justin coupa court :

– Nous repartons vers un autre ruisseau, nous n'avons pas le compte !

– Tu pourras suivre, mon pitiou ? Dis-moi, Justin, où allez-vous ? Il est déjà presque 3 heures de l'après-midi !

– Nous allons aller vers le moulin du Seyt, si on ne s'attarde pas, nous aurons peut-être le temps de compléter.

Lucien avait remplacé ses vêtements et, déjà prêt,

repartait, après une courte halte, vers un autre lieu de pêche. Il voyait bien que son grand-père accomplissait un travail, car il ne sortait pas d'habitude deux fois dans la même journée.

La pêche commença dans la Moulègre, plus bas que le pont du chemin de fer. L'opération ne s'annonçait pas fructueuse.

— Je crois que nous n'avons pas de chance, disait Justin. Par rapport à ce matin, c'est bien maigre.

Il décida d'abandonner pour reprendre plus loin, au pont de Bouzaï, et rejoindre le ruisseau du même nom qui venait du moulin. Ils allaient tous deux d'un bon pas.

— J'espère qu'il n'y aura personne ici, car si quelqu'un est déjà passé avant moi, c'est foutu !

— Mais toi, tu es le meilleur pêcheur, alors tu dois y arriver quand même.

Justin appréciait sans doute ces encouragements.

— C'est bien d'avoir fait une grande provision de vers, je vais en avoir besoin.

Sitôt dit, sitôt fait ! Il lance la ligne dans un endroit bien difficile à atteindre.

— Tu vois, Lucien, ce petit remous... elle doit être là !

Au premier coup, un bel éclair d'argent se débat au bout du fil. Lucien éprouve une joie intense.

— J'avais raison, Pépé, tu es un grand pêcheur !

La pêche continua le long des frênes, des aulnes, des taillis. Ils arrivaient au moulin du Seyt. Un bruit

70

de chute d'eau, une odeur de mousse humide, une atmosphère particulière les accueillaient.

La grande roue extérieure du moulin qui ne fonctionnait plus impressionnait toujours Lucien qui pourtant la connaissait. Ils dépassaient le moulin qui avait détourné une partie de l'eau par son bief et reprenaient plus haut, juste sous une retenue en pierres qui provoquait des débordements nacrés et bruyants. Ici, les deux collines se resserraient et la lumière se réduisait.

Justin portait le pitiou pour traverser aux endroits difficiles. La pêche s'annonçait assez bonne.

– Je pourrai essayer une fois ?

Depuis le matin, l'envie de demander le démangeait.

– Quand je trouverai un endroit commode, je te le dirai, mais on ne peut pas perdre trop de temps aujourd'hui.

Ils n'étaient pas là pour s'amuser ! Mais un peu plus loin, pour faire plaisir à son petit-fils, il repéra un endroit d'accès facile.

– Tu vois, dans ce petit retour d'eau, où il y a de l'écume et une ronce qui baigne ses feuilles...

Précautionneusement, Justin lui mit la gaule entre les mains, et le guida pour lancer la ligne. Tout allait bien. Lucien avait attrapé quelques vairons dans d'autres endroits. Il accomplissait les gestes qu'il fallait, attentif à la moindre réaction, le regard fixé au bon endroit. Soudain l'extrémité de la gaule se courba. Il sentit alors ce frémissement et leva la gaule de toutes ses forces.

– Ça y est ! J'en ai attrapé une !

Une truite était bien prise ; mais le mouvement trop brusque fit voler le poisson dans les branches. La truite retomba dans l'eau et la ligne resta emmêlée dans les arbres.

Après quelques jurons inutiles de la part de Justin et les larmes de Lucien, tout rentra dans l'ordre. Plus le temps passait et plus les dimensions de la truite perdue prenaient de l'importance.

– C'était la plus grosse, pas vrai ?

– Je crois bien que tu as raison, on recommencera un autre jour, aujourd'hui, je n'ai plus le temps de remonter une autre ligne, au cas... Compte donc le contenu du panier, Lucien.

En se faufilant entre les corps gluants, sa main comptait.

– Il y en a neuf.

– Cette fois, on va rentrer. Si on tardait trop la nuit serait à nos trousses et tu n'aimes pas l'obscurité, il me semble ?

– Oui, rentrons, je suis un peu fatigué.

La température était plus élevée qu'au matin. Le trajet du retour fut jalonné par-ci, par-là, de quelques coups de ligne rapides qui donnèrent deux truites de plus. Justin semblait fourbu de cette grande journée de pêche et Lucien trouvait le chemin plus long qu'à l'aller. Son visage était rouge, marqué d'un bon coup de soleil.

– Quelle journée formidable nous avons passée, dit-il à son grand-père. Je n'ai jamais vu autant de truites prises en un seul jour, il ne manque que la mienne.

Feignant l'oubli :

– La tienne ? Raconte-moi...

Il n'oublierait jamais cette première truite au bout de la ligne.

Que de kilomètres ils avaient parcourus sur ces chemins tantôt ensoleillés, tantôt ombragés ou sous la pluie. Epuisé, mais si heureux, Lucien se sentait prêt pour recommencer dès que possible. Ce soir-là, non sans avoir raconté son aventure à sa grand-mère, il avala sa soupe et rejoignit son lit sans se faire prier, sans demander d'histoires à son grand-père. Il pensait à cette truite qu'il avait sortie de l'eau, il la voyait encore se contorsionner dans un éclair de lumière...

5

Le soleil était déjà bien haut quand Lucien se réveilla. Il s'habilla et courut dans l'autre pièce. Sa grand-mère, occupée à éplucher des pommes de terre, l'accueillit avec un large sourire.

– Tu as fait un sacré tour de lit, mon pitiou, je crois que tu en avais grand besoin après cette longue journée !

– Où est Pépé ?

– Il n'a pas voulu te déranger ce matin, mais il ne va pas tarder, il m'a dit qu'il serait là pour midi.

Lucien regarda la pendule.

– Déjà 11 heures passées, ce n'est pas possible de dormir autant, je ne suis pas venu que pour dormir, dit-il en tapant du poing sur la table, si épaisse qu'elle s'en moquait.

Léonie comprenait bien la situation. Lucien était fâché.

– N'y pense plus, va me chercher de l'eau, tu seras gentil. Regarde Coquette comme elle te fait fête !

Sur le chemin de la fontaine, il oublia l'incident. Il s'assit près de l'eau. Il interpella son amie :

– Pourquoi me surveilles-tu ?

– Je t'attendais. Alors, tu t'es bien amusé toute la journée d'hier ?

– Oui, j'ai même attrapé une grosse truite, mais je suis sûr que tu ne me crois pas ; vous les filles, vous ne croyez pas les garçons !

– Tu as l'air agacé, je te crois, Lucien. Que vas-tu faire aujourd'hui ?

– Je ne sais pas trop, j'attends mon grand-père. Je vais ramener l'eau et je vais grimper sur le pic pelé.

– Je peux t'accompagner ?

– Tu ne pourrais pas me suivre, tu es trop petite et tu te perdrais dans les bruyères. Un jour, j'ai failli mourir dans un trou de brousse. Je préfère y aller tout seul.

Lucien réfléchissait.

– A quoi penses-tu ?

– J'ai une idée pour toi. Comme tu n'as pas de nom, je vais t'en trouver un très beau, je te le dirai un de ces jours.

Puis Lucien traîna son seau vers la maison.

– Je vais faire un petit tour, sur la colline, là-haut.

– Sois prudent, tu sais ce qu'il t'est arrivé un jour, et ce n'est pas moi qui pourrai te porter secours, prends Coquette, mon pitiou.

Lucien repassa à la fontaine, prit le chemin le plus court côté pâturage et grimpa hardiment.

Coquette se rafraîchissait dans l'eau de quelques ser-
bes qui nourrissaient par des rases ces prairies maigres et parfois trop sèches. Une voix l'interrompit :

– Tu es bien pressé, Lucien.

Il se retourna et vit Armandine du Bois de Larque.
Ils se connaissaient depuis toujours, même si elle
avait quelques années de plus que lui. Elle surveillait
son troupeau.

– Tu es arrivé un de ces jours ?

– Il y a deux ou trois jours que je suis là. Je vais
faire un tour dans les bruyères, là-haut.

– Ta famille va bien ? Tu ne t'ennuies pas trop au
Rouget ?

– Il faut que je me dépêche, il sera bientôt midi
et mes grands-parents vont s'impatienter.

– Je te verrai un de ces jours, as-tu des nouvelles
de Pierre ?

– Non, dit-il en tournant les talons.

Il savait qu'entre Armandine et Pierre il se passait
quelque chose. Armandine se servait de Lucien
pour transmettre des messages. Une histoire de
grands !

Quand il jugea l'altitude suffisante, il emprunta
le dernier chemin de traverse. Une vue magnifique
s'offrait à lui. Il devinait la maison d'Estarieu, repé-
rait des hameaux et s'offrait le plus beau des pano-
ramas sur Boisset. Coquette tirait la langue et marchait sur ses pas. Lorsque l'endroit choisi se
présenta, il lui dit :

– Le premier qui arrive en bas a gagné, d'accord ?

Coquette semblait moins motivée que lui. Puis Lucien se jeta dans cette descente vertigineuse, en ligne la plus droite possible. Il lançait des cris de joie et de guerre en même temps. Prenant de la vitesse, il bondissait de touffe en touffe qui parfois lui donnaient un magistral élan ; ici, il s'écrasait dans un creux, mais toujours heureux repartait de plus belle. Quelques ronces se présentaient, il les ignorait. Déjà il était à moitié du parcours. Coquette était moins téméraire. Un taillis réceptionnait Lucien, et ses branches fines et souples le propulsaient plus loin, dans un bond de voltigeur.

Il s'étourdissait dans cette descente vertigineuse, riait, criait, seul maître du jeu dans cette lumière de l'inconscience, jusqu'à provoquer le danger et s'en moquer. Déjà la route se profilait. Il perdit une chaussure, rebroussa chemin en appelant Coquette qui, elle, ne se pressait pas... La dernière partie s'achevait tandis que les douze coups, au loin, tintaient au clocher. Il savait qu'à ce moment précis, les deux aiguilles de l'horloge étaient verticales et se superposaient en une seule image.

Epuisé, les pommettes rouges, avec quelques égratignures aux jambes et aux bras, il s'assit sur le talus, près du jardin du champ. La descente s'achevait toujours à cet endroit précis. S'adressant à Selme :

– Tu aurais dû venir, c'était terrible aujourd'hui, je pense que j'ai battu un record !

– Je t'ai bien vu, on aurait dit que tu te vengeais de quelque chose, tu bondissais tellement haut !

– Jusqu'au jour où je me tuerai, je le ferai. C'est merveilleux, on dirait que je vole, rien ne m'arrête. N'as-tu jamais rêvé de voler, Selme ?

– Je ne sais pas, je ne me rappelle plus.

– Moi, je rêve souvent que je plane dans le ciel. Je me mets à courir et puis, tout à coup, en écartant les bras comme les ailes d'un oiseau géant, je m'élève dans les airs et c'est magique. Je vais tout en haut, je survole le monde, et, en me penchant, je descends et rase les maisons, les gens, je suis un oiseau, une buse qui plane...

– Et comment t'arrêtes-tu ?

– Il y a constamment un problème à ce moment-là. Je deviens alors maladroit et je tombe lourdement sur le sol. Je me réveille toujours à cet instant et vois-tu, c'est toujours le désarroi. Mais pour la descente du pic pelé, aussi vertigineuse soit-elle, je sais que je recommencerai, viendras-tu avec moi ?

– Peut-être, viens me chercher la prochaine fois, on verra bien. Ce que j'aimerais, c'est t'accompagner à la pêche avec ton grand-père.

– C'est impossible ! Mais nous irons ensemble à la fontaine au mourelou, quand tu voudras. Comme toujours nous nous rencontrerons ici, ce sera notre point de ralliement.

Lucien savait couper court aux propos dérangeants.

Lorsque Justin rentra, le petit manifesta son souci d'avoir été oublié le matin même.

– Tu dormais comme un loir. Je n'ai pas osé te réveiller. Il me manquait cinq truites seulement, et je dois te dire que j'ai eu bien du mal à les prendre, j'ai beaucoup marché pour y arriver. La prochaine fois, je t'emmènerai, c'est promis !

– Monsieur Bersagol va être content avec ses truites ! J'espère qu'il te payera bien cher, car lui, il a beaucoup de sous.

– Il m'a toujours payé ce qu'il avait commandé, je n'ai rien à dire. Cette fois-ci, c'était une grosse commande.

Au repas, il y avait de la purée avec des saucisses au jus. Quel régal et quel plaisir de dessiner ces chemins avec sa fourchette, et ce puits où l'on versait le jus de cuisson si particulier ici. Justin aimait à ajouter :

– Quand les saucisses sont bonnes, la purée est plus intelligente !

A Estarieu, rien n'était comme ailleurs, et grand-mère était la plus douce du monde. Lucien croyait qu'ici, tout pouvait lui appartenir et qu'il appartenait lui-même aux lieux. Sans doute avait-il raison. Au Rouget, il ne se sentait pas la même personne.

Justin avait récupéré un lot de journaux, périmés de quelques jours seulement. Ainsi il lisait *La Montagne* avec retard, mais le feuilleton journalier d'Henri Pourrat : *Gaspard des montagnes*, le passionnait.

– Tu sais, Lucien, c'est une belle histoire, tu devrais la lire aussi, elle se termine le 13 juillet.

– Je verrai ça quand je serai plus grand, je préfère m'amuser ou écouter le poste.

– Il est très important de lire. Nous, nous ne lisons pas souvent, sauf le journal, et de temps en temps le vieux dictionnaire que nous avons là.

Il y avait bien une dizaine de journaux auxquels essayait de s'intéresser Lucien. Il lisait les titres : LA PREMIÈRE ÉTAPE DU TOUR DE FRANCE DU 3 JUILLET, STRASBOURG-METZ, A ÉTÉ GAGNÉE PAR SCHAER. LE PARLEMENT DE BONN ACCEPTE LE PROJET DE RÈGLEMENT DES DETTES ENVERS LA FRANCE... Bref ! Ces titres ne l'inspiraient guère. Une réclame attira davantage son attention : *Participez gratuitement au concours du Tour de France – 100 lots à gagner dont un scooter Vespa.*

– Tu devrais participer, Pépé, si tu gagnais, ce serait tellement bien !

– Je ne crois pas à ces attrape-nigauds...

– Mais si on gagnait ? insista-t-il.

– On irait à la pêche en scooter !

Et tous deux riaient de bon cœur.

– Tu sais qu'il y a de la belle salade dans la fontaine, en bas du champ, faudrait peut-être en profiter, dit Lucien à son grand-père.

– Quelle bonne idée ! Après la sieste nous irons la cueillir et ce soir tu te régaleras.

Il n'en fallait pas davantage pour qu'une nouvelle joie se lût dans les yeux de l'enfant.

– Dommage que tonton Pierre ne soit pas avec nous, je sais qu'il l'aime, lui aussi. On dit que c'est du cresson sauvage, c'est vrai ?

– A défaut de cresson, nous mangerons celle-ci. Elle ne coûte que la peine de se rendre à la fontaine, mais il ne faut en parler à personne !

Justin entourait tout de mystère, c'était là son génie, et ce qui à la fois effrayait et plaisait à Lucien. Soudain, le visage du petit garçon s'éclaira. Il courut à la fontaine, réfléchit un instant comme pour se conforter dans ce qu'il allait faire, puis :

– Tu es bien là ?

– Je suis toujours où tu veux, que se passe-t-il ?

– Je voudrais que tu t'appelles Lalisse ! Je n'ai rien trouvé de plus beau...

– C'est la première fois que j'entends ce nom, il me plaît bien.

– Je savais qu'il te plairait, Lalisse.

Lucien avait baptisé les deux amis qui n'existaient que pour lui. La solitude s'éloignait.

Dans l'après-midi, l'épicier arriva et gara son fourgon près de la fontaine. Lucien et sa grand-mère, qui se déplaçait difficilement, s'y rendirent.

– Alors Madame Sareille, vous avez retrouvé le petit ? Il est bien toujours le même !

– Il en profite pour les vacances, il ne peut pas se passer d'Estarieu celui-là.

Après les bavardages rituels, l'homme ouvrait les portes de son camion. Aussitôt une odeur particulière s'en échappait. Il y avait là tant de produits à la disposition de sa clientèle : des épices, des fromages, du pain, des légumes secs, huile, sardines, chocolat et bonbons, et une liste plus longue encore. L'épicier offrait une sucrerie à Lucien, amadouant ainsi sa cliente. Léonie choisissait le nécessaire et disait que c'était bien trop cher. Puis tous deux échangeaient des nouvelles : Untel est parti pour Paris, Untel va bientôt se marier, le plus jeune de nos voisins a fait de grosses bêtises avec la fille de qui vous savez, etc. L'épicier se plaignait de ses douleurs et partageait celles de Léonie.

L'au revoir s'alourdissait de sous-entendus, d'une philosophie piochée à même le bon sens, et qui mettait tout le monde d'accord.

– C'est ainsi, on n'y peut rien. Tant qu'on pourra faire, on fera. Il ne faut pas trop se plaindre, il y a pire que nous.

Lucien portait les achats à la maison tandis que sa grand-mère les payait, puis elle s'en revenait tout doucement.

Ils s'asseyaient à l'ombre du tilleul et parlaient un peu de tout.

Un cri d'oiseau se fit entendre, comme un sifflement. Lucien leva les yeux vers le ciel.

– C'est encore la buse, cet oiseau de malheur ! dit la grand-mère.

– Il y en a toujours ici ?

– Cette année, elle m'a emporté une couvée entière de poussins, la sale bête, elle est venue les prendre à la fontaine, tu te rends compte ?

– Pépé ne pouvait pas la tuer avec son fusil ?

– Ces bêtes-là ne se chassent pas, c'est défendu. Si les gendarmes l'apprenaient, on risquerait d'aller en prison !

– Elle peut te prendre les poulets et tu ne peux pas te défendre ?

– C'est ainsi !

Lucien sentait monter en lui un sentiment d'injustice.

– C'est pas juste ! C'est pas juste !

Léonie ne répondait pas mais elle comprenait.

– J'aimerais que ma cousine Ginette vienne, je ne la vois jamais.

– Elle reste à Aurillac, près de ses sœurs.

– On a été élevés ici, je me rappelle, tu sais.

Elle caressait les cheveux de Lucien.

– Toi au moins tu viens nous voir... Te rappelles-tu Blanchette ?

– Oui, je m'en souviens. Elle ne m'aimait pas toujours cette chèvre !

– C'était pour t'élever que nous l'avions achetée. Nous faisions aussi des fromages... quand tu nous laissais un peu de lait, ajouta-t-elle en riant.

– Je ne suis plus si petit, mais j'aimerais que Pépé me raconte encore l'histoire de la chèvre de Monsieur Seguin.

– Et tu pleureras comme toujours ! Tu en as versé des larmes avec cette histoire, je te consolais chaque fois, pauvre pitiou.

Et tous deux échangeaient des propos, parfois sérieux, toujours bercés par le murmure du ruisselet qu'ils n'entendaient plus.

Ce jour-là, Léonie avait décidé de faire le tri des vieux chiffons et des linges usés devenus inutilisables. Elle récupérait tous les boutons de chemise, fermetures Eclair, agrafes, les poches des vieux pantalons dont elle tirerait parti un jour ou l'autre. Dans la boîte métallique, qui avait autrefois contenu des biscuits, se cachait une collection de boutons digne d'une mercerie. Lucien aimait surtout le petit ciseau de couturière en forme de cigogne. Le travail terminé, Léonie emplissait un sac de toile et disait :

– C'est pour le chiffonnier, « le pillaro », je lui conserve aussi les peaux de lapins séchées. Il passe de temps en temps.

– Il achète toutes ces choses ?

– Oui, ça fait quelques sous de plus...

L'enfance inachevée

Près d'un éboulis, Lucien remarqua une plante à fleurs jaunes dont il s'amusait bien souvent. Elle poussait à profusion le long des vieux murs. L'herbe à verrues – la chélidoine – d'un vert particulier et tendre, aux feuilles bien dessinées, produit un suc jaune et caustique amusant pour un enfant. Lucien se badigeonnait une partie du genou sur lequel il avait une verrue, puis traçait des dessins en pointillé sur ses jambes. Léonie le regardait. Elle remarqua simplement :

– Tu sais faire de beaux dessins, mon pitiou.

– Pour ma verrue, ça fera du bien !

Il continuait à casser les tiges desquelles coulait cette encre jaune, sève si particulière et, dit-on, médicinale.

La sieste terminée, Justin fit quatre-heures, et avec Lucien décida d'aller à la fontaine au mourelou.

L'enfant portait fièrement le panier et Coquette suivait. L'expédition ne les menait pas au bout du monde, certes, mais à la joie, si familière, de partager le geste et l'instant.

Le petit laissa grandir une distance entre son grand-père et lui.

– Tu vois, Selme, on est venus.

– Je t'avais aperçu depuis un moment.

– Je ne vais pas te parler longtemps, il se douterait de quelque chose. On se verra demain, pour une balade dans la montagne, d'accord, Selme ?

– D'accord, Lucien.

Justin, arrivé à la fontaine dit :

– Il est juste à point. Quand il a fleuri il n'est pas très bon, il est trop fort de goût.

Il ouvrait son couteau et se penchait sur cette verdure compacte et drue. Par petites poignées – qu'il soulevait légèrement – il tranchait au ras de l'eau ces minuscules tiges dont les feuilles ne mesuraient jamais plus de quelques millimètres, quatre ou cinq, pas davantage. La lame du couteau faisait un bruit presque tendre comme : Shrasss ! Shrasss ! Le panier se garnissait.

– Il y en aura encore pour une autre fois, si personne ne se sert, bien sûr.

– La fontaine n'est pas à nous, ajoutait Lucien. On peut se servir, ce n'est pas grave, on peut boire l'eau de toutes les fontaines ?

– Boire l'eau, oui, cueillir le cresson peut-être pas, mais ce n'est pas du cresson, c'est une salade sauvage...

La différence était dans cette affirmation non discutable. Coquette en profitait pour laper bruyamment cette fraîcheur venue des entrailles de la terre : Slapp ! Slapp ! Lucien aurait bien bu, lui aussi, mais il fallait à l'eau que l'on avait dérangée un long repos pour qu'elle retrouve sa limpidité.

Pendant ce temps, Léonie avait cuit quelques pommes de terre à l'eau, qui, une fois refroidies et coupées en lamelles, agrémenteraient le mourelou.

87

Justin avait préparé des truites sans que Lucien s'en aperçût. Aussi, quand il vit la poêle sur le feu, ses yeux s'emplirent de questions.

– C'est une surprise de ton grand-père, répondit Léonie.

– D'où viennent-elles ? Et le restaurant, Pépé ?

– Il y avait le compte, alors j'ai pensé que tu aimerais en goûter.

– Vous êtes si gentils pour moi, tous les deux...

Roulés dans la farine, les poissons déposés dans l'huile chaude se relevaient légèrement, preuve de leur fraîcheur. Ici, on les cuisait entièrement, avec la tête, dont le cristallin des yeux, devenu dur comme une pierre, intriguait Lucien. Au moment de servir, Léonie déposait du persil et de l'ail finement hachés sur la peau croustillante. Un parfum subtil se dégageait alors... Accompagnées de cette salade si particulière, inconnue au Rouget, les truites étaient pour Lucien la preuve indiscutable de cette autre manière de vivre qui le rendait enfin à la joie, à cette certitude que, quoi qu'il fasse, même rien, demain serait un jour plein de jouissance.

Dans sa forge, Justin Sareille réalisait volontiers quelques travaux de soudure. Il était connu pour cette spécialité, et les gens lui apportaient des objets à réparer, récipients percés, pièces à redresser, etc. L'animation naissait autour de la forge, lourde table de travail plus ou moins maçonnée, avec son ventilateur à main incorporé, le tout situé sous l'appentis. Un véritable atelier de maréchal-ferrant en modèle réduit.

Préparer le feu, le monter à température, dans l'incandescence des braises, devenait un travail enthousiasmant. Lucien actionnait la manivelle, pas trop fort, juste ce qu'il fallait, sur les recommandations de son grand-père. Le plaisir du feu ravissait l'enfant. Il aurait aimé manier le grand soufflet, mais celui-ci n'était plus qu'un vestige. Les replis de cuir de son poumon craquelé n'auraient pas résisté. Ce jour-là, casseroles, bassines et chaudrons méritaient une bonne réparation.

Le fer à souder, planté dans la braise, attendait son heure. Les pièces à réparer subissaient une préparation minutieuse, nettoyées à l'aide d'un décapant puissant. Puis Justin trempait l'extrémité du fer à souder dans l'acide qui dégageait alors une odeur si forte qu'elle devenait irrespirable, dans une fumée violacée. L'étain, au contact du fer à souder, coulait comme du mercure. Justin le guidait, colmatait le défaut, le maniait pour réaliser une jolie soudure.

– Il ne faut pas y revenir trois fois, disait-il.

Lucien assistait de tous ses yeux à ces travaux, s'imaginant qu'un jour lui aussi saurait faire comme son grand-père.

Lorsque les personnes reprenaient leurs objets

réparés, elles remerciaient et donnaient parfois quelque argent au maître de l'ouvrage.

Justin travaillait aussi comme journalier dans les fermes, au moment des gros travaux, mais de moins en moins. Léonie avait besoin d'une personne auprès d'elle et, à ce titre, il recevait de l'Etat quelque subside.

Lucien savait la simplicité de leur vie, ne comprenait pas toujours la situation, mais faisait provision d'amour. Rien ou presque n'était défendu ici, là où sa tante et ses oncles avaient également veillé sur sa petite enfance.

6

Durant cette période de vacances, tout n'était que rêverie et aventure pour Lucien. Tous les chemins le conduisaient à la découverte, parfois à certaines déconvenues mais vite oubliées.

Un soir, alors que la journée s'était écoulée sans que rien d'extraordinaire la marquât, Lucien voulut entendre une fois encore l'histoire de la petite chèvre – il identifiait toujours celle de Monsieur Seguin à celle qui l'avait nourri lorsqu'il était petit.

– On va s'installer au cantou, comme si c'était l'hiver, dit-il. Tu peux tirer la lampe, Pépé ?

L'ensemble, abat-jour en faïence blanche et ampoule, possédait un système de longueur de fil et de contrepoids qui permettait de le déplacer et de le suspendre sous la tablette de la cheminée. Le cantou devenait alors un lieu privilégié pour l'auditoire rassemblé sous la courte lumière. L'hiver était magique pour cela, mais à défaut de feu, ce soir-là, on se contenta d'être là, tous les trois. Même Coquette et le chat semblaient intéressés.

Lucien s'installait, « prêt à subir la terrible histoire », l'expression n'était pas exagérée.

– Dis-moi, Pépé, comment était-elle la petite chèvre ?

Justin répondait comme s'il s'agissait de la première fois qu'il allait raconter l'histoire de la chèvre de Monsieur Seguin. Il devinait que le regard de son petit-fils se rivait sur lui et qu'il ne s'en détacherait qu'au moment fatal.

– La petite chèvre s'appelait Blanchette, comme celle que nous avions quand tu étais petit, tu t'en souviens ?

– Oui, elle logeait à l'étable, à l'endroit qu'on avait barricadé pour elle.

– Blanchette était douce et belle, heureuse chez Monsieur Seguin, trop gâtée sans doute. Elle avait une barbichette de sous-officier et...

– C'est comment, une barbichette de sous-officier ?

– Je te montrerai quand nous irons à La Peyrade, un de ces jours, chez le marchand de chèvres.

Lucien posait des questions dont il connaissait les réponses, prolongeant ainsi le conte et en retardant la fin.

– Blanchette avait aussi des yeux clairs et un port de tête fier. Monsieur Seguin la laissait paître dans la prairie, près de sa maison. Il lui parlait souvent.

– Elle lui répondait ?

– Son langage était dans son regard curieux et parfois complice. Elle suppliait son maître de la laisser aller hors de son enclos, sur les pâturages d'en haut.

– Plus loin que le pic pelé ?

– Plus haut qu'au Bois de Larque. Elle ne supportait plus la corde et le licou que lui mettait son maître lorsqu'il s'absentait.

– Elle voulait s'échapper pendant qu'il était à la pêche ?

– Monsieur Seguin savait depuis quelque temps qu'elle était malheureuse dans son enclos. Elle le lui avait fait comprendre, mais il savait aussi qu'il y avait du danger dans la montagne.

Léonie écoutait aussi silencieusement que Lucien, les aiguilles à tricoter immobiles entre ses mains.

– Si elle restait dans le pic pelé, elle ne courait pas de danger, j'y vais bien, moi.

– Oui, Lucien, mais elle voulait sa liberté pour aller beaucoup plus loin. Obstinée, son entêtement la rendait sourde aux conseils très sages du pauvre Monsieur Seguin.

– Elle était vraiment têtue, pourtant Monsieur Seguin était gentil pour elle.

– Ça ne lui suffisait plus. Alors, un jour qu'il s'était éloigné de sa maison, elle en profita pour se dégager de son attache avec ses dents. Blanchette ne pouvait plus l'endurer. Enfin libre, elle caracolait comme

93

un cabri, s'essayant à la liberté. D'un bond, elle sauta la clôture et se dirigea vers la colline.

– Monsieur Seguin n'était pas encore revenu ?

– Il ne pouvait s'imaginer, à l'endroit où il se trouvait, que sa chère Blanchette s'en donnait à cœur joie, cabriolant, sautillant, broutant de-ci, de-là cette herbe nouvelle qu'elle ne connaissait pas. Qu'elle était tendre et savoureuse, bien meilleure que celle de l'enclos ! Les buissons en fleurs, les feuillages tendres semblaient se pencher sur son passage pour la saluer comme on salue une reine. Le temps passait, rien ne comptait davantage pour elle que cette liberté toute neuve. Soudain, dans le soir qui tombait, elle entendit le son de la corne de Monsieur Seguin.

– Il était donc enfin rentré dans sa maison ?

– Eh oui ! Il avait retrouvé l'enclos vide et la corde rompue. Alors, très triste, comprenant la situation, il l'avait cherchée dans les environs. « Blanchette ? Blanchette ? » Rien en retour. Il avait pris sa corne, comme il faisait parfois quand elle s'éloignait. Blanchette entendait les appels désespérés de son maître. Elle s'arrêta soudain, se retourna vers la vallée où elle avait grandi. Tout lui paraissait petit, minuscule, et la maison de Monsieur Seguin, d'où s'échappait une fumée bleue qui montait dans le ciel, n'était qu'un tout petit point au loin. « Il faut rentrer, se dit-elle, je suis déjà si loin de chez moi. » Elle écouta encore le son de la trompe qui lui disait de revenir, qu'on lui pardonnerait son escapade. « Quelques instants encore, je suis si bien ici. » Le crépuscule s'installait sans qu'elle s'en rendît compte. Puis la nuit arriva tout aussi vite. Alors elle comprit qu'il était trop tard, impossible de retourner dans la vallée. La trompe de Monsieur Seguin s'était tue. La nuit noire était là, à peine si Blanchette distinguait le tronc des arbres de la forêt où elle s'était réfugiée. Elle avait peur et tressaillait.

– Elle n'avait qu'à revenir plus tôt, dit Lucien, pressentant le pire.

– Ayant désobéi à son maître qui l'aimait, Blanchette était envahie de remords. Soudain, dans la nuit, deux yeux apparurent, deux yeux qui brillaient...

– C'était le loup, dit Lucien, en se serrant contre sa grand-mère.

Léonie appréciait en silence ce contact. Bien souvent, son bras entourait l'enfant qui lui prenait la main.

Justin racontait et mimait, les yeux tournés tantôt vers le conduit de la cheminée quand il parlait de la montagne, tantôt dirigés vers le sol quand il citait la vallée. Il plaignait Monsieur Seguin, qu'il situait dans la pénombre de la pièce, avec son désarroi et sa tristesse.

– Oui, c'était le loup, un grand et jeune loup des montagnes. Blanchette frissonna de tout son corps, s'arc-bouta sur ses pattes et attendit. Le loup se déplaçait, elle lui faisait toujours face. Elle eut une pensée pour Monsieur Seguin qui, hélas ! ne pouvait rien pour elle. La bête lui donna un coup de dents ; Blanchette lui répondit par un coup de corne. Ils se mesuraient. Le loup recommença, elle rendit aussitôt le coup. Puis un combat terrible s'engagea. Le maître de la nuit était surpris par la force et le courage de cette petite chèvre qui s'était aventurée seule et sans défense dans la montagne.

– Elle était très forte, Blanchette ?

– Oh oui ! Lucien. L'affrontement dura toute la nuit. La robe de Blanchette était maculée de sang. Ses cornes aussi. Elle était courageuse et somptueuse dans la bataille. Le loup, couvert de blessures lui aussi, n'avait jamais livré pareil combat.

Lucien avait le cœur qui battait fort, la bouche sèche, entièrement sous l'emprise du conteur. Il redoutait l'instant fatal, ce final que tout le monde connaît et qui ne se modifie jamais.

– Le jour allait se lever. Déjà une blancheur commençait à poindre, là-bas, derrière la montagne. Blanchette sentait ses forces l'abandonner. Le loup redoublait ses attaques. Elle jeta un coup d'œil vers la clarté, pensa à Monsieur Seguin. Puis elle s'allongea, épuisée, sur un lit d'herbe tendre et ferma ses yeux clairs.

– Arrête ! Pépé, arrête !

Lucien se blottit de tout son être contre sa grand-mère, les yeux pleins de larmes. Des sanglots secouaient sa poitrine.

– Tu nous as fait tellement languir, dit Léonie à Justin, pour justifier le chagrin du petit.

Justin s'arrêta. Un silence s'installait. Lucien n'avait pas bougé dans les bras de sa grand-mère.

– Tu es bien grand maintenant pour croire à toutes ces histoires. Remets-toi, mon pitiou !

Lucien se calmait, reprenait ses esprits. Il adressa soudain un sourire à Justin, un sourire qui voulait dire : Je suis bien ridicule, mais tu m'as fait tellement plaisir, encore une fois !

Tous deux sortirent un instant. La nuit était étoilée. Lucien jeta un œil vers le pic pelé, puis :

– Monsieur Seguin, c'est peut-être toi, Pépé...

Justin entoura de son bras l'épaule de Lucien.

– Il faut aller dormir maintenant, demain il fera jour !

Quelques instants plus tard, les draps remontés jusqu'aux yeux, Lucien imaginait Blanchette dans la montagne, face à ce regard qui brillait dans la nuit...

L'obscurité fascinait Lucien. Il l'aurait bien imaginée moins sombre ; pourquoi le Créateur l'avait-il décidée si noire parfois, à n'y rien voir ?

– Il y a toujours quelqu'un, la nuit, dans nos chemins, lui avait dit son grand-père en souriant. Mon alambic ne voyage jamais le jour ! Bien d'autres personnes pratiquent des activités défendues, il ne faut pas en parler...

L'alambic de cuivre, dissimulé sous la paille de la remise, travaillait et voyageait en nocturne. Le droit de bouilleur de cru n'appartenait pas à Justin Sareille, et pourtant... bien des propriétaires de vergers avaient leur réserve d'eau-de-vie. Une gnôle qui pouvait atteindre 55°, les Auvergnats ont l'estomac solide !

Lucien se souvenait aussi avoir accompagné son grand-père à l'affût aux dernières vacances d'hiver. Lorsque l'année le voulait, le passage des ramiers permettait à la famille de conserver, dans les urnes de grès, dix ou quinze pigeons noyés dans la graisse d'oie. Ce dont se souvenait Lucien, c'était l'affût au bois noir pour les corbeaux.

Justin connaissait les bons endroits. Ils partaient tous deux, au crépuscule. Ils marchaient d'un bon pas – il y avait plus d'un kilomètre à parcourir – et les jambes de Lucien faisaient ce qu'elles pouvaient dans ces chemins tourmentés. Une cabane de branchages les attendait et la nuit descendait très vite. Quelques houx près d'eux les dissimulaient davantage. Tous deux attendaient, assis de manière incommode. Justin avait chargé son fusil avec deux cartouches. On ne communiquait plus que par gestes. Le froid mordait la peau, tandis que deux oiseaux se posèrent, tout en faisant les difficiles quant au choix de leur place. Grand-père savait que presque tous les soirs, des groupes importants venaient ici passer la nuit, il n'y avait qu'à observer le sol par endroits pour s'en convaincre.

Deux ou trois oiseaux se posèrent encore. Justin était inquiet, craignant que le groupe choisisse une autre destination nocturne. Il s'impatientait. Soudain, une nuée déferla sur leurs têtes, tournoya longuement et s'éloigna comme elle était venue. Justin fit un signe négatif de la tête que Lucien comprit. Le temps passait, donnant des fourmis dans les jambes. Les quelques autres déjà posés se devinaient sur le ciel, silencieux en leur posture de sentinelles.

Puis une masse sombre s'abattit sur les arbres. Des centaines d'oiseaux s'installaient pour la nuit dans un bruit étrange de battements d'ailes et de croassements. Le ciel, pas encore noir, laissait deviner toutes ces formes, juste au-dessus d'eux, dans les branches les plus hautes. Justin repéra les groupes les plus importants. Il se leva et épaula. Lucien attendait, la peur au ventre. Il entendit un juron, puis deux détonations fracassantes, puissantes, déchirant la nuit et trouant les arbres. Impressionnant !

L'envolée des corbeaux surpris et dérangés est insolite. On imagine les heurts contre les branches, entre eux, et on distingue aussi le bruit des corps qui tombent, tués par les plombs meurtriers, rebondissant de branche en branche.

Justin posa son arme désormais vide et se dirigea vers les créatures gisant au sol, repérées à l'aide de sa lampe électrique, indispensable maintenant. Lucien se saisit maladroitement d'un de ces géants noirs ensanglantés. Ses mains trop petites hésitaient sur cette créature chaude et pourtant sans vie.

– Cinq pièces en deux coups ! Tout va bien, dit Justin qui ajouta : J'ai bien cru qu'ils ne viendraient pas ce soir, je pense qu'ils nous avaient sentis, c'est malin, tu sais, ces bêtes !

Les rescapés s'en étaient allés vers d'autres destinations, des lieux plus tranquilles.

Un bruit dans les feuilles, beaucoup plus bas, les surprit.

– C'est sans doute un corbeau blessé, mais là-bas, le fourré est impénétrable, ce sera pour le renard. Il faut rentrer maintenant, la nuit est pleine.

Le chemin du retour fut assez pénible, le faisceau de la lampe de poche donnait quelques signes de faiblesse. Les épaules de Justin durent assumer une charge supplémentaire.

Le lendemain, la préparation du gibier prit une bonne partie de la matinée. Justin s'occupait de ces opérations. Lucien était un des rares enfants de son âge à savoir que ce gibier particulier était excellent, cuit et mijoté longuement dans la cocotte de fonte noire.

Dans les fermes environnantes, sur le plateau ou dans les villages, déjà les battages des moissons se

préparaient. Les grandes meules pointues attendaient près des granges. Justin Sareille s'absenterait
quelques jours pour donner des journées en
échange de produits de ferme, légumes, beurre,
grain, etc. Ses fils, Louis et Pierre, ne venaient guère
à la maison pendant ces périodes de grands travaux,
travaillant eux aussi dans des fermes ; quant à Philippe, il avait choisi la capitale avec un aller simple.
Juste avant son départ, il avait planté six ou sept
sapins le long du chemin du champ, comme pour
dire : Je laisse un peu de vie derrière moi.

Un matin, Lucien vit monter par la route caillou-
teuse un attelage peu ordinaire. On parlait fort, on
hélait les bœufs au nombre de quatre, réunis deux
par deux et tirant la pesante locomobile vers le
hameau de Lacoste. Ils étaient tristes, envahis de
volées de mouches et de taons, mais ils obéissaient
sous l'aiguillon du conducteur. Pour mieux les
observer, Lucien s'était rendu à la fontaine en compagnie de Lalisse avec laquelle il partageait ses
impressions. Bêtes, hommes et machine passaient
lentement. Demain, sans doute, on hisserait aussi la
batteuse. Rien n'était facile dans ces reliefs pénibles
et tortueux. Les tracteurs étaient rares et coûteux.

– Nous irons tous les deux voir le battage,
Lucien ?

– J'essaierai de t'emmener, mais tu sais, nous les
enfants, on ne nous tolère pas facilement dans ces
moments-là, on gêne toujours.

– Nous serons discrets...

Le lendemain, la batteuse prit le même chemin. Impressionnante machinerie, avec de belles couleurs orangées. Lucien l'attendait avec Selme, au jardin du champ.

– Quand ils seront ici, ils auront fait le plus difficile, après c'est presque tout plat.

Les bœufs soufflaient un moment et reprenaient l'ouvrage.

– On pourra aller voir demain, à Lacoste ?

– Bien sûr, mon grand-père a promis de leur donner un coup de main, comme chaque année. Même s'il n'aime pas trop me voir dans les parages ce jour-là, je te promets que nous nous glisserons dans un coin.

Lucien revenait à Estarieu, la pendule sonnait ses cinq coups.

Lorsqu'il rentra, il comprit qu'il se passait quelque chose d'anormal. Léonie, assise sur son lit, suffoquait.

– Qu'est-ce qu'elle a Mémé ?

– Calme-toi, Lucien, elle a une crise...

– Toujours le même problème ?

– Oui, c'est toujours la même chose, il faut attendre.

Justin Sareille, ancien combattant de 14-18, devenait silencieux. Que se passait-il dans sa tête ? Léonie peinait pour respirer ; elle était toute pâle et des gouttelettes de sueur perlaient sur son front. Un pauvre mouchoir dans sa main, elle s'épongeait de temps en temps.

– Ne t'inquiète pas, mon pitiou, ça va passer, donne-moi une pastille, dit-elle péniblement.

Lucien ouvrit la boîte métallique aux dessins bleus et lui donna une pastille Vichy qu'elle prenait toujours dans ces moments-là, pour l'aider à respirer. Il regardait sa grand-mère et ses yeux se mouillaient. Il restait près de son lit sans pouvoir rien faire, témoin impuissant d'une souffrance atroce. Justin ne regardait pas, ou faisait semblant. On ne pouvait pas intervenir.

– Va dehors, Lucien, sors un moment, ça va lui passer.

Mais pour Léonie, rien ne s'améliorait. Son cœur battait si fort que Lucien l'entendait. Il sortit, s'assit sur le muret du figuier et pleura. Il avait déjà assisté à ces moments insoutenables, hélas ! On n'appelait plus le médecin qui arrivait trop tard, la crise achevée. Parfois Lucien suppliait le Bon Dieu de venir secourir sa chère grand-mère, craignant qu'un jour l'instant lui soit fatal. « C'est pas juste, pensait-il, c'est pas juste ! » Le temps devenait une éternité.

Peu à peu, il devinait une amélioration. Il s'approchait du lit et retrouvait ce pauvre sourire au milieu d'un visage épuisé, aux yeux profonds.

– Ça va, mon pitiou, tu vois, c'est passé.

Lucien appuyait son visage contre les draps pour s'y cacher, s'y réconforter, peut-être y sécher ses larmes, et Léonie posait sa main, sa main maigre, sur la tête de l'enfant. Quelques heures plus loin, tout semblait revenu comme avant. Seul Lucien parlait plus doucement, et ses mouvements se faisaient plus précautionneux, parfois avec de la gêne. Il savait que cela recommencerait.

– On ne peut pas la guérir ? Pourquoi ? demandait-il à son grand-père.

Celui-ci tardait pour répondre :

– Le docteur Valadou la connaît et passe de temps en temps. Il dit qu'il n'y a pas grand-chose à faire, elle a le cœur fatigué.

Lucien ne comprenait pas, ne voulait pas admettre cette impuissance. Sa pauvreté il l'acceptait (pauvreté n'est pas vice), mais la maladie de sa grand-mère le révoltait, l'anéantissait parfois.

Le lendemain matin, Justin avait rejoint les hommes, à Lacoste, pour la journée de battage. Lucien aurait aimé que son grand-père restât à la maison, mais Léonie affirmait :

– Rassure-toi, mon pitiou, je suis tranquille pour un bout de temps maintenant, heureusement que ça ne m'arrive pas tous les jours.

Lucien répondait par un sourire retenu.

– Tu pourras aller à Lacoste quand même.

– Merci, Mémé, je ferai très vite, avec mon copain Selme.

– Tu lui as trouvé un nom, à celui-là ?

– Oui, et ma copine de la fontaine c'est Lalisse, est-ce que ça te plaît comme prénom ?

– On peut dire que tu as de l'imagination, ainsi tu n'es jamais seul ?

Lucien ne répondait pas à cette question.

– On va préparer quelque chose pour midi, rien que pour nous deux, mon pitiou.

– Je ne m'ennuie jamais avec toi, Mémé, je voudrais rester ici toujours.

Léonie Sareille le savait. Devant la porte, les poules traînaient, caquetaient. Coquette les ignorait.

Ces quatre ou cinq poules pondaient leurs œufs dans des nids de paille préparés par Justin, mais parfois sous l'établi, parfois même dans les haies voisines, ce qui indiquait une prochaine couvée. Il fallait se montrer vigilant afin que les chiens ou le renard ne passent pas avant eux. Lucien avait appris à gober les œufs, aussi ne s'encombrait-il pas de cuisine pour les apprécier. Pourtant, préparés dans la poêle avec du lard et cuits à point, il n'y a rien de comparable !

– Regarde s'il y a des figues bien mûres.

C'était la saison où quelques-unes mûrissaient chaque jour. Elles prenaient alors des couleurs violacées, éclataient dans leur maturation et offraient leur chair rouge et sucrée. Un délice ! Lucien en repéra trois ou quatre parfaitement à point.

– Il n'y a pas de figuier au Rouget, je ne connais que celui-là dans tout le pays !

– Profites-en, mon pitiou. Les noisettes sont belles aussi, tu pourrais les ramasser.

– J'en fais mon affaire, j'adore les cueillir, les écaler.

Tous deux déjeunèrent en compagnie du chat et du chien, dans une tranquillité sereine, la porte ouverte, le portail tiré. Les mouches aventurières se prenaient les ailes sur les papiers collants que l'on suspendait au plafond.

L'après-midi, l'habitude les guida vers l'ombre du tilleul. Léonie n'avait rien entrepris, se contentant de converser avec son petit-fils. La bergère de Lacoste arriva avec ses moutons.

– Profites-en pour aller voir ces machines en plein travail, dit la grand-mère.

Lucien ne se le fit pas répéter. Il s'arrêta à la fontaine.

– Alors Lalisse, tu viens à Lacoste ?

– Je t'attendais, je te suis immédiatement.

Au jardin du champ, Selme attendait.

– Voici Lalisse, c'est une amie comme toi. Vous êtes mes deux amis secrets, personne ne doit savoir. C'est bien dommage que vous ne puissiez bavarder entre vous, ni vous voir, mais c'est ainsi.

Lucien restait maître du jeu.

Déjà ils entendaient les bruits si particuliers des machines. Lucien marchait d'un bon pas. Les silhouettes se précisaient, les cris des hommes aussi. La locomobile noire, ornée de cuivre, était magnifique. Elle crachait, elle fumait, elle toussait ! Ses grandes courroies transmettaient la vie à la superbe batteuse qui tremblait sur elle-même. Les hommes étaient en place, à leur poste. Le mécanicien, sa burette à la main, huilait des points précis de sa machine à vapeur, surveillait l'eau et le foyer. Les femmes servaient à boire, s'assurant que les hommes ne manquaient de rien. Mission on ne peut plus importante ! Lucien s'arrêta, s'adressa à ses amis :

— Est-ce que tout ça vous plaît ?

— Que de bruit et de poussière, on peut s'approcher ?

— Pas tout de suite. Lalisse, qu'en dis-tu ? Tu n'as pas peur de toutes ces machines ?

— Quand je suis avec toi, je n'ai peur de rien. Je ne vois pas ton grand-père, il y a tellement de gens...

Sur la batteuse des hommes déliaient les gerbes, d'autres les leur passaient à bout de fourche, d'autres encore enlevaient la paille à la sortie de la lieuse et reconstruisaient une meule.

Les javelles happées voyageaient dans le ventre du géant puis ressortaient en désordre, séparées du grain. La batteuse tremblait, livrait sa paille, travaillait inlassablement : engrenages parfaits par-delà les clapets, les poulies, les trappes et les lattes. Tout ici éclatait de vie : la poussière, le bruit, les cris, la sueur, la chaleur, le labeur !

— Il est aux sacs de grain ! s'écria Lucien.

Sur un côté de la batteuse, le grain giclait dans les

sacs. Sitôt remplis, sitôt remplacés et emportés dans le grenier, ils sont vidés et le grain est écarté. Le séchage et la fermentation pourraient alors commencer.

Les femmes s'affairaient, tout en préparant le grand repas du soir. Parfois, certains les chahutaient, aux plus jeunes on volait un baiser. « Celle-là, elle ne se défend même pas », disait Lucien.

Justin Sareille avait aperçu son petit-fils. Il l'appela d'un geste.

– Viens boire un petit coup, comme un homme !

On lui tendit un verre avec un peu de vin frais. Il hésitait.

– Allez, faut que tu deviennes un homme !

Lucien but d'un trait ce vin qui lui arracha la gorge. Il serra les dents, prit des couleurs et sourit aux hommes qui le regardaient. Justin Sareille était fier.

Le travail ne s'arrêtait pas. La sueur perlait aux fronts. On buvait, on hurlait, on chauffait, les uns les autres, les machines. C'était le centre du monde !

« Et moi, je suis heureux, on ne me dit rien, mais on me sourit, je dois être trop petit », pensait Lucien.

Par-dessus le vacarme, la poussière montait dans le ciel dans un tourbillon qui semblait dire : C'est ici que l'on bat ! C'est ici qu'est la fête !

Lucien se faufilait tant bien que mal, évitant les endroits dangereux.

– C'est le petit Sareille ! Alors tu es revenu parmi nous ? Toi, au moins, tu ne nous oublies pas. Comment va ta maman ?

– Ça va.

Il ne connaissait pas la personne qui l'avait accosté. Il s'éloignait et, s'adressant à ses amis :

– On ne peut être tranquilles nulle part.

Quelques sacs de grain, alignés près d'une bâtisse, attirèrent le regard de Lucien. Il s'approcha et plongea ses deux mains à l'intérieur, au plus profond possible. Ce contact avec le grain le ravissait ; il souriait de son geste et recommençait. Un homme le regardait sans rien dire, puis :

– Hé ! Petit, il te plaît, ce grain ?

Lucien répondit par un mouvement de tête, et l'homme, avant de s'en retourner à son poste, ajouta :

– Tu peux le toucher, petit, il n'y a rien de plus beau !

D'habitude, on faisait déguerpir les enfants plutôt que de leur parler ainsi ! Lucien en profita pour observer de plus près cette semence. C'est vrai que ce blé était beau, il ne l'avait jamais regardé si attentivement !

Puis ce fut la dernière gerbe, le grand signal au sifflet magique et noir. Un grand jet de vapeur plusieurs fois répété. Ouf ! Les machines étaient lasses, les courroies échauffées, usées, et les humains rompus mais heureux. Son grenier plein, le paysan était ravi. Cette année, la récolte était belle.

Lucien s'en revenait, la tête pleine de visions fantastiques. Avec ses deux amis, sur le chemin du retour, ils parlaient toujours de ce qu'ils avaient vu.

7

Les jours passaient, pour Lucien, sans un seul instant d'ennui. Ses deux amis l'accompagnaient quand il s'éloignait, seul, de la compagnie de ses grands-parents... Selme faisait maintenant avec lui des descentes vertigineuses du pic pelé. On laissait Lalisse à la fontaine, craignant de la perdre dans les hautes broussailles de la colline. Tous trois échafaudaient déjà des projets pour l'année prochaine. Parfois ils croisaient la petite Léonie avec ses moutons, parfois ils faisaient détaler une jeune compagnie de perdreaux, en imaginant le sort qui les attendait lors de l'ouverture de la chasse. Armandine le voyait aussi, de temps en temps, toujours surprise d'entendre Lucien bavarder avec personne...

Un début d'après-midi, Lucien tomba par hasard sur des journaux. D'une manière curieuse et désinvolte, il parcourait les premières pages et lisait quelques titres pendant que Justin faisait sa sieste. Le 14 juillet, Vincent Auriol, président de la République, accompagné de René Pleven, ministre de la Défense, avait assisté au traditionnel défilé à Paris. Les Ouragans et les Thunderjets, qui avaient survolé la manifestation au même instant, avaient seulement été entendus, pour la raison évidente que des nuages bas recouvraient la capitale et empêchaient toute visibilité.

– C'est drôle, dit Lucien, des avions qui défilent et qu'on ne voit pas...

Les titres parlaient aussi de Georges Bidault, ministre des Affaires étrangères. Lucien connaissait quelques noms pour les avoir entendus plusieurs fois au poste, pendant les informations, mais sans pour autant leur attribuer un quelconque sens politique.

On parlait aussi beaucoup du Tour de France. Le 15 juillet, André Darrigade bat vingt-trois hommes au sprint à Albi, et François Mahé ravit le maillot jaune à Robic. Le 23, Louison Bobet devance Nolten de 5'28, à Briançon, et devient leader au classement général.

Et puis, il y avait toujours la réclame pour gagner le scooter.

– Je vois bien que c'est un attrape-nigaud, mon grand-père a bien raison...

Les machines de battage avaient quitté le village de Lacoste et poursuivaient maintenant leur périple, de ferme en ferme.

Lucien en avait presque oublié ses parents, son frère et ses sœurs.

Avec Justin, il était allé cueillir les noisettes, et elles s'étalaient là, dans le grand crible à grain, brassées de temps à autre pour un séchage régulier. Et leur magnifique velouté gris roux tentait la main qui les touchait, et le bruit que le mouvement provoquait mettait l'eau à la bouche de l'enfant émerveillé. Une quantité pareille ! pensait-il, et au fond de sa mémoire s'installait la certitude que, nulle part ailleurs, de tels miracles pouvaient prendre l'habit du quotidien.

La pêche, par exemple. Le restaurateur avait encore passé commande et une nouvelle expédition s'annonçait. Cette fois l'après-midi y suffirait, bien qu'une longue marche fût nécessaire pour atteindre le ruisseau de Toursac.

Au rythme de Justin, attentif à la progression de l'enfant, ils franchirent les collines jusqu'à La Peyrade. Là, la vallée profonde leur apparut, serrée sur ses mystères. Justin levait le nez de temps à autre, cet été se montrait orageux et l'œil averti du grand-père surveillait les nuages annonciateurs de grain. Ici, tout pouvait basculer en quelques secondes.

A La Peyrade, des charpentiers travaillaient la charpente d'une grange ; le bruit des marteaux les signalait aux alentours comme le son d'une cloche propage ses nouvelles...

Puis le chemin des sept virades les conduisit tous

deux au fond de la gorge. Le temps devenait de plus en plus lourd. La pêche devrait être bonne. Le chemin brûlant, les moustiques fous, l'air chaud, tout était réuni pour qu'un événement intervînt. La pêche commença. Les truites mordaient furieusement.

Les nuages se rapprochaient, la lumière se réduisit. Soudain, des gouttes énormes martelèrent le paysage. Justin et Lucien se trouvaient dans les bas-fonds où les versants des collines se resserrent. L'orage éclata. Ils en avaient subi bien d'autres, mais celui-là s'annonçait particulièrement violent.

Ils s'abritèrent sous une souche dominant une rase voisine. Puis Justin dit :

– Tu vas m'attendre ici. Tu ne crains rien et tu ne te mouilleras pas. Ça mord bien en ce moment, faut pas perdre de temps, tu es d'accord ?

– Ne me laisse pas trop longtemps !

– Ne crains rien. Tu n'as pas peur ?

– Non, mais reviens vite, Pépé.

Pour Lucien, l'attente commença. Le tonnerre cognait et résonnait entre les montagnes, les éclairs l'aveuglaient, libéraient des craquements à réveiller les morts. L'eau s'abattait avec violence, sans un souffle de vent. Dans la tête de Lucien, le mécanisme de la patience commença à se dérégler, la peur mordait son ventre... des histoires de loups et de renards lui revinrent à l'esprit, il était certain qu'ils grouillaient alentour... L'image lui vint du grand rocher noir, là-haut dans les virades, d'où l'on jetait, disait-on, les chèvres malades que des créatu-res étranges venaient dévorer... Des brumes venues d'on ne sait où s'appropriaient peu à peu l'espace, et la raison de Lucien se mit à vaciller entre stupeur et terreur.

Soudain, n'y tenant plus, conscient de rompre sa promesse, il jaillit de son abri et se précipita le long du ruisseau en criant : « Pépé ! Pépé ! » mais seul le tonnerre répondait. Trempé jusqu'au cœur, il appe-lait de toutes ses forces, et sa détresse se perdait dans le vacarme des plaintes, des ruissellements et des explosions de tonnerre... Quel cri, fût-il herculéen, aurait pu percer cette rage du ciel ? Et pourtant une seule pensée le menait : retrouver le grand-père... Quand le ruisseau lui barrait la route, il se jetait à l'eau sans penser plus avant, et avançait en hurlant à pleins poumons, pataugeant jusqu'aux mollets dans la boue ruisselante, comme s'il était un autre, un inconnu.

Le pire se présenta sous la forme d'un affluent : son grand-père l'avait-il pris ? Il en suivit le cours un instant, s'efforçant de mémoriser les repères pour le retour... Rien, sauf les éclairs, le tonnerre, le déluge et cette brume qui menaçait d'effacer jus-qu'à la mémoire. Il revint sur ses pas, reprit le ruis-seau en appelant toujours. Mais il s'épuisait. Affolé, glacé de pluie et de peur, les yeux ruisselants d'eau et de larmes, il se sentit définitivement perdu, minuscule dans ce déchaînement hostile. La nuit viendrait inexorablement. Il pensa à Blanchette qui s'était vainement battue pour se laisser dévorer au matin, offerte au maître de la nuit. Et grand-mère ? Comment vivrait-elle sa disparition ? Il appela encore : « Mémé ! Mémé ! » la voix gonflée de désespoir.

A force de monter et descendre, le long du ruisseau et de son affluent, même le repère de l'eau s'était brouillé. Soudain, voulant puiser au profond de ses dernières ressources, il s'arrêta un instant et réfléchit de toutes ses forces. Il n'arrivait plus à identifier le ruisseau au bord duquel il se trouvait. Cependant l'orage se calmait peu à peu.

Par où était-il donc venu ? Il prit une direction, appelant toujours, sans obtenir la moindre réponse. Justin aurait-il eu un accident ? La brume, étrangement, semblait vouloir se lever. On voyait un peu plus loin en amont et en aval. Les eaux troubles du ruisseau débordaient par endroits, ce qui faisait pester Lucien pour le franchir. Il pataugeait dans des chaussures qui n'avaient plus de forme, tout juste s'il pouvait les retenir à ses pieds. Les ronces le griffaient, les branches le giflaient, les fougères le coupaient. Il saignait en maints endroits, mais il était maintenant guidé par cet espoir de survie capable de vous arracher des tréfonds de la terre. Non, il ne mourrait pas dans ces replis des collines ! Il rejoindrait une crête !

Le ciel réapparaissait, découvrant les deux versants de la vallée. Lucien prit alors un sentier de chèvres marqué de leurs crottes, il conduirait bien quelque part. Il fallait faire très vite, chercher du secours pour son grand-père.

Comme une révélation, il entendit soudain le bruit des marteaux des charpentiers. Il était sauvé, et tout proche du hameau de La Peyrade. A partir de cet instant, ses jambes retrouvèrent de la vigueur, il ne les sentait plus, pas davantage qu'il ne se souciait des plaies qui le recouvraient. Il criait à la fois de joie et de tristesse. Il se retourna une dernière fois vers ce défilé profond où il devinait le chemin des sept lacets et appela : « Pépé ? Pépé ? »

Il courut longtemps, jusqu'à la maison, épuisé mais vivant. Léonie crut apercevoir un fantôme, elle n'en croyait pas ses yeux. Interloquée, elle cherchait Justin du regard. Lucien se jeta dans ses bras et sanglota à ne plus pouvoir s'arrêter.

— Mon pauvre pitiou, mon pauvre pitiou, dans quel état es-tu !

Le miracle eut lieu quelques instants plus tard. Justin Sareille surgit devant eux, le visage blanc comme une porcelaine. Il s'arrêta net.

— Tu es là..., murmura-t-il simplement, et sans un mot de plus il s'éloigna pour ranger ses affaires de pêche.

Léonie couvrit Lucien de pommade, du haut en bas. Puis, petit à petit, l'inquiétude s'apaisant, ils parlèrent de sa mésaventure. Justin avoua qu'il n'avait pas trop regardé sa montre durant sa pêche, il ne s'était guère éloigné de Lucien, du moins le croyait-il.

Tous deux s'étaient cherchés, et, pris de panique, s'en étaient allés quérir du secours. A La Peyrade, on lui avait dit qu'un enfant avait été vu, un enfant qui avait pris ses jambes à son cou vers Boisset.

Cette journée ne quitterait jamais leur mémoire. De plus, il fut interdit de l'évoquer devant la famille de Lucien, qui risquait de décider des représailles contre l'imprudence du grand-père. Lucien ne lui en voulait pas le moins du monde, il en gardait un souvenir étrange, et aussi la fierté d'avoir vécu là un moment exceptionnel. Seuls ses vêtements, chemisette, **cul**otte et sandales, furent remplacés sur les deniers des Sareille ! Selme et Lalisse savaient toute l'histoire, dans ses moindres détails, mais Lucien pouvait compter sur leur silence.

Durant les jours qui suivirent, il n'y eut plus de parties de pêche pour Lucien, les descentes du pic pelé n'étaient plus autorisées. Tout exercice pouvant retarder la guérison des égratignures demeurait interdit. Les grandes discussions avec Selme et Lalisse remplaçaient les jeux turbulents.

– L'année prochaine, nous irons encore à Toursac. Je serai grand et je suivrai mon grand-père même s'il y a un orage. Peut-être que je pourrai pêcher moi aussi. A douze ans, on peut pêcher tout seul, et mon grand-père se reposera.

Ses deux amis ne répondaient pas.

– Peut-être que plus tard, je pourrai participer au battage, il y a des jeunes qui aident.

Selme prit la parole :

– Quel métier veux-tu faire quand tu seras grand ?

– Je ne sais pas encore, j'ai le temps de réfléchir.

– Quand tes grands-parents seront morts, on ne se verra plus ? demanda Lalisse.

– Tu es trop petite pour parler de ces choses-là. Il ne faut pas y penser, c'est tout.

Dans sa solitude, Lucien y pensait de temps à autre. L'idée de perdre ces deux êtres chers lui paraissait irréelle, absurde. Aussi effaçait-il très vite ces pensées lorsqu'elles le martyrisaient.

– J'espère qu'à l'automne, nous aurons de belles châtaignes, dit Selme.

– Je le voudrais aussi, mais je ne sais pas encore si je serai là au moment voulu. Les grandes vacances terminées, je ne viens pas souvent.

– C'est dommage, on est bien tous les trois.

– A propos de châtaignes, je vais vous raconter ce qu'il m'est arrivé, un certain automne, il y a deux ou trois ans : Un soir, alors qu'on avait dîné de bonne heure, j'ai eu envie d'aller flâner dans le petit bois de châtaigniers tout proche de la maison d'Estarieu. Le crépuscule commençait à peine à s'installer sur l'adret. « Ne te perds pas, m'ont dit mes grands-parents, la nuit arrive vite ! – Je n'irai pas loin, j'emmène Coquette. » Ils n'étaient pas inquiets, ils savaient que je n'aimais pas la nuit. Pépé a dû se plonger dans la lecture du *Chasseur français*, et Mémé s'occuper du feu, comme d'habitude Coquette, près de moi, furetait partout. A cent cinquante mètres de la maison, je voyais nettement la fumée qui s'échappait de la cheminée, c'était rassurant. Et puis je connaissais bien les alentours : la pente du sentier étroit et difficile, les buissons qui le bordaient... De temps en temps, Coquette se lançait à la poursuite d'un mulot, et je la suivais. C'est là que mon pied a heurté quelque chose... Une racine. Ma chaussure s'est coincée, j'ai perdu l'équilibre et je suis tombé. Oh, j'ai eu tellement mal que j'ai crié. Et tout de suite, j'ai appelé Coquette, j'ai eu peur de me retrouver seul.

Immobiles, sans un mot, Selme et Lalisse l'écoutaient attentivement.

– J'ai réussi à me dégager, et à m'asseoir. La brise fraîchissait, et soudain, j'ai senti une drôle de sensation monter en moi. En un instant, le ciel a changé de couleur, il est devenu rose, puis très rouge, j'avais de plus en plus froid. Et alors, autour de moi, les arbres, les rameaux, les feuillages, tout s'est couvert de givre, tout est devenu blanc, sur un ciel aussi rouge que le feu... Les fougères, la mousse, chaque brindille, les arbres, tout scintillait, magnifiquement blanc, tout étincelait, tout était de cristal ! Et puis des branches se sont penchées vers moi, elles m'ont tendu leurs bogues entrouvertes, aux piquants

argentés, et une voix m'a dit : « Prends ces châtaignes d'argent, tu n'en trouveras jamais de pareil-
les. » Alors j'ai tendu la main, j'ai pris ces fruits
étranges, et je les ai glissés dans ma poche, c'était
un véritable trésor !

Et les yeux de Lucien retrouvaient sa surprise,
s'emplissaient à nouveau d'images de cristal, de fougères, de taillis, de dentelles de givre qui le stupé-
fiaient encore. Quel était donc ce pays de lumière
et de silence ? Sous l'écorce, l'aubier était-il vraiment aussi beau ? Avait-il vécu le prodige de quelque
divinité sylvestre ?

– Et tout à coup, la nuit est redevenue noire. Ma
cheville enflée me faisait atrocement mal, j'ai
entendu Coquette gémir, et puis elle m'a léché la
figure. Je suis rentré péniblement à la maison, en
traînant la jambe. Ma grand-mère s'est inquiétée :
« Mais tu boites, mon pitiou, qu'est-ce qui s'est
passé ? – C'est rien, je me suis tordu le pied. – Fais
voir, je crois que tu as une belle entorse, il faut
bander ta cheville ! » Mémé s'occupait de moi pendant que je racontais : « Je t'assure, Pépé, j'ai vu les
châtaigniers tout blancs, les fougères blanches, tout
était givré et le ciel était tout rouge ! » Mes grands-
parents ont échangé un regard. « Je l'ai vu. » Ils ont
écouté tranquillement, comme si c'était normal.
« Tu aurais pu me ramener quelque chose, a dit
Pépé, une feuille ou une brindille, pour me montrer. – Mais j'ai les châtaignes, je vais te montrer les

châtaignes de neige... Et j'ai sorti le trésor de ma poche. – Tiens, regarde ! » Et j'ai vu des châtaignes ordinaires, belles, mais comme les autres, des châtaignes de toujours. « Pépé, je t'assure... – Je te crois, Lucien. Je connais cet endroit où tout est blanc, je l'ai vu une fois. » Mémé me souriait. Coquette a posé sa tête sur mon genou et m'a regardé avec ses bons yeux. Mais moi j'avais trop de chagrin. « C'est vrai, je vous le jure... »

Il avait sangloté dans les bras de sa grand-mère, longtemps. Puis elle l'avait couché, avec ses gestes tendres. Il avait posé les trois châtaignes près de son lit, et le sommeil était enfin venu éteindre le chaos de ses questions.

– A mon réveil, j'ai trouvé à la place trois morceaux de sucre, tout blancs. Mes grands-parents m'ont dit que c'était certainement le Petit Jésus qui avait fait ça.

Selme et Lalisse restèrent un temps silencieux, puis :

– Tu as vraiment de la chance d'avoir des grands-parents pareils !

Et Lucien hocha gravement la tête.

Par une fin d'après-midi, alors qu'il ne se passait rien d'extraordinaire, on vit un homme s'avancer, titubant.

– C'est le marchand de chèvres, ne t'inquiète pas. Il a sa dose, tu vas l'entendre chanter, tu vas voir...

Puis l'homme se stabilisa à grand-peine et, face à Lucien qui se souvint de lui, tenta de pousser son air favori :

– « *Mais la Youyette, elle est à la grand-messe, à la grand-messe à Saint-Denis, ne tardera pas à revenir.* »

La suite ne fut que borborygmes, puis :

– Un pintou, Sareille, je paie un pintou !

– Va donc tirer une chopine au tonneau, dit Justin à Lucien.

En attendant, on invita le personnage à entrer et à s'asseoir sur le banc, près de la table.

A la cave, Lucien remarqua un grand récipient de verre recouvert de toiles d'araignées. Il questionnerait son grand-père à son sujet.

L'homme but un verre, puis deux, et, dans un monologue de plus en plus incompréhensible, s'affala sur la table.

– Il va cuver son vin et dans une heure tout ira mieux, il n'est pas méchant, dit Justin qui avait l'habitude du comportement de ce « citoyen ».

En effet, l'homme ronflait. De sa bouche entrouverte s'échappait par moments une bave répugnante. Son chapeau de travers découvrait son visage rubicond, tandis que se propageaient autour de lui des relents de bouc pas ordinaires.

Au réveil, tout allait mieux, en apparence. Il but un dernier verre, paya sa chopine, salua largement

ses hôtes et reprit le chemin pour rejoindre La Peyrade. On entendait ses « La Youyette » à mesure
qu'il s'éloignait. Le retour des foires se passait souvent ainsi. Mais toutes les chèvres du pays succom-
baient aux charmes de son bouc, situation flatteuse
dont il tirait une grande fierté.

Lorsque tout redevint calme, Lucien interrogea
Justin sur le récipient recouvert d'osier, abandonné
dans la poussière de la cave.

— Il servait à transporter l'huile quand on allait
presser les noix au moulin du Seyt, tu avais alors
quatre ou cinq ans.

Justin racontait.

Aux temps difficiles, après la guerre, il n'y avait
pas d'huile pour la consommation familiale, ou très
peu et trop chère. La récolte des noix était précieuse
et vitale. Dès qu'elles étaient récoltées et bien
séchées, la famille et les voisins se réunissaient pour
les casser et les écaler, au cours des veillées. Lucien
se rappelait ces réunions, venues du fond de sa
mémoire. La bonne humeur régnait, hommes et
femmes se réunissaient et chacun racontait les nouvelles. Politique d'un côté, affaires de femmes de
l'autre. Une fois le travail terminé, un vin chaud
clôturait la soirée. Les noix décortiquées d'un côté,
ensachées, les coquilles de l'autre, qui seraient brû-
lées ou jetées.

Quelques jours plus loin, la besogne la plus
importante se préparait. Les oncles de Lucien, les

plus grands : Philippe et Louis, accompagnés de Justin, attelaient les bœufs, chargeaient le tombereau des sacs de noix et de fagots de bois. On n'oubliait pas la tourie, ou dame-jeanne, cette jarre de verre protégée d'une paillasse d'osier tressé, dont la présence dans la cave avait intrigué Lucien.

A la tombée de la nuit, le tout était transporté jusqu'au moulin du Seyt, à plusieurs kilomètres de là. De nuit, le voyage paraissait long. Péniblement, bêtes et gens arrivaient enfin au moulin.

Celui-ci produisait aussi de la farine, équipé de sa grande roue à aubes qui prenait l'eau dans le ruisseau du Bouzaï, bien connu des Sareille. Il possédait également un ensemble d'appareils et de machines pour produire de l'huile : une meule à écraser les noix, une chaudière pour chauffer la pâte de noix, et une presse à huile spécifique pour ces opérations.

Une ambiance chaleureuse régnait dans ce lieu. Déjà, d'autres clients attendaient. Dans certaines occasions, le moulin travaillait toute la nuit. Les arrivants déchargeaient leur marchandise et leurs fagots car il fallait pourvoir à la chauffe. Chacun son tour, on fournissait à la meule ses noix préparées pour le broyage. On transférait la pâte ainsi obtenue dans l'appareil qui la porterait à température souhaitée.

Le bruit, la chaleur, l'animation aidaient à la consommation de chopines, chacun payait sa tournée. La maîtresse de maison faisait de son mieux. Puis la pâte de noix fumante se trouvait prisonnière

125

de l'engin qui la pressait, et chacun récupérait sa précieuse quantité d'huile. Peut-être s'y mêlait-il quelque tricherie ? On fermait les yeux.

La nuit passait ainsi et les premières heures du matin s'annonçaient. Avant de repartir, on leur servait parfois une omelette bien arrosée. On discutait encore, certains, éméchés, se chamaillaient.

On sanglait enfin les récipients sur le tombereau, avec quelque quantité de tourteau – ce résidu des noix pressées – à ramener à la ferme pour donner aux animaux. Sur le chemin du retour, bien difficile parfois, on côtoyait tous les besogneux de la nuit, contrebandiers ou fraudeurs. Le meunier ayant prélevé sa part d'huile pour le service rendu, on comptait alors ce qui restait...

Justin donnait une part de tourteau à Lucien, toujours prêt à grignoter quelque surprise. Ça sentait fort la noix, c'était dur à croquer, de couleur grise, mais considérablement bon !

8

Pour Lucien, les vacances scolaires de sa onzième année se déroulaient en ce lieu béni qui, dans sa mémoire, prendrait le doux nom de paradis. La découverte perpétuelle et la participation aux événements quotidiens grignotaient trop vite le temps.

Il posait aussi des questions sur la guerre. Justin avait été soldat. Quand on est petit garçon, on aime entendre des récits de batailles, de canonnades, de victoires, et s'y mêlait la fierté que son grand-père en ait été l'un des acteurs. Justin prétendait n'avoir rien à dire. Pourtant, il avait « fait » Verdun, il devait bien savoir, lui qui conservait la plaque de cuivre de son casque où était gravé : SOLDAT DE LA GRANDE GUERRE 14-18. Sur son livret militaire, qu'il montrait à Lucien, des dates indiquaient sa mobilisation et sa libération : 10 avril 1915, et 16 septembre 1919, soit plus de quatre ans et demi. Pour son petit-fils, il n'avait que de bons souvenirs à raconter...

Léonie ne disait rien, mais son silence emplissait

la pièce. Les Sareille ne se plaignaient pas, il y avait ceux qui n'étaient pas revenus, entre autres, le frère de Justin dont le nom était inscrit sur le monument aux morts.

Avec les jours, Lucien guérissait de ses égratignures. Alors qu'il remontait vers le pic pelé, Armandine lui demanda :

– Tu es donc tombé dans un roncier ?

– On peut dire ça. Dans le pic pelé, il n'y a pas que de la bruyère.

On gardait le secret. Ce matin-là, Lucien était à mi-chemin du sommet lorsqu'il devint pensif. Ses parents viendraient prochainement à Boisset, et le ramèneraient le même soir. Il pensait à son père, et les questions se bousculaient. Il aurait voulu l'appeler, en criant son nom de toutes ses forces du haut de la montagne, mais sa gorge demeurait muette... Alors, tout en marchant, il s'inventait déjà les prochaines vacances. Elles seraient merveilleuses... Il aurait fait sa communion solennelle, déjà il avait reçu sa confirmation par l'évêque de Saint-Flour, Mgr Marty, en l'église de Cayrols. Il avait été ému par la simplicité de cet évêque qui, ayant rassemblé les enfants avant la cérémonie, leur avait posé cette question avec l'accent qu'on lui connaissait :

– Est-ce que certains, parmi vous, seraient polissons de temps à autre ?

Personne n'avait osé répondre. L'évêque avait alors repris :

– Quand j'étais petit, j'étais bien souvent polisson, je dois bien vous l'avouer...

Cette réponse jeta la stupéfaction dans la pensée de Lucien. Jamais il n'aurait imaginé qu'un évêque puisse dire cela. Il avait donc été un enfant comme les autres... Voilà pourquoi, depuis lors, Marty avait pris une place toute particulière dans son cœur.

Perdu dans ses rêveries, il redescendit et alla rejoindre son grand-père au jardin du champ. Haricots grimpants, pommes de terre, choux, il y avait tout ce qu'il fallait pour réaliser la soupe aux choux que Léonie avait décidé de préparer.

Selme se faisait discret, tandis que le panier se remplissait. Lucien et Justin parlaient encore de pêche, disant que les truites commençaient à manquer dans les ruisseaux. Avec de tels pêcheurs, rien d'étonnant !

Dès leur retour, les légumes furent lavés, épluchés, préparés pour rejoindre, sur un bon feu, la marmite noire, suspendue à la crémaillère. Des haricots blancs, du lard, du jarret furent ajoutés dans le bouillon dont les effluves soulevaient parfois le couvercle.

La soupe fut trempée de cette préparation qui parfumait toute la maison. Les légumes et la viande, à part dans un plat en faïence, fumaient également et aiguisaient la faim et l'impatience. Lucien soufflait sur les haricots blancs de Soissons dont la peau se soulevait en se recroquevillant. C'était la fête, tellement il y avait de bonnes choses sur la table !

Lucien ne comprenait pas pourquoi, dans cette petite maison si humble, il pouvait y avoir tant de plaisir, de joie, de bonheur à vivre...

Le 26 juillet, Louison Bobet gagnait le Tour de France ! Le 27 le poste annonçait : L'Armistice a été signé en Corée par les généraux Harrison et Nam II. Lucien questionna son grand-père qui ne sut pas le renseigner sur le sujet.

– Du moment qu'une guerre prend fin, c'est l'essentiel !

Deux jours plus tard, les viticulteurs du Midi manifestaient.

– Qu'est-ce qu'ils veulent, Pépé ?

– Des sous, pardi, comme tout le monde !

– Tous les gens veulent quelque chose !

– Eh oui ! Tiens, je vais te raconter comment un homme du village d'en haut, un peu fou, un peu mendiant, gagna un jour quelque argent. Alors que le mendiant passait par le bourg de Boisset, le hasard fit qu'il croisa le curé de la paroisse. Celui-ci le salua et lui demanda de ses nouvelles, lui disant qu'on ne le voyait pas souvent dans les parages. « Ça va comme ci, comme ça, je n'ai pas grand-chose pour vivre, mais je peux marcher, comme vous le voyez. – Je vais prier pour vous, mon brave homme. – Merci, Monsieur le Curé, j'en ai bien besoin. Je voulais vous dire, Monsieur le Curé, que l'autre jour, hier ou avant-hier – ma tête me joue des tours –, je vous ai envoyé quelque chose, un cadeau rien que pour vous, ce n'est pas si souvent, croyez-moi. – Oh ! mon brave, je vous en remercie, mais je suis un peu curieux... » Le mendiant se rapprocha du curé et lui dit doucement : « Je vous ai envoyé un lièvre de six livres au moins. J'ai pensé que ça pourrait vous faire plaisir, je n'ai pas hésité. » L'homme d'Église, surpris et touché, glissa sa main dans la poche de sa soutane, ouvrit son porte-monnaie et lui donna une pièce d'argent. L'autre joua la comédie : « Ce n'est pas pour ça que je l'ai fait, Monsieur le Curé, mais je vous remercie de tout cœur. – Vous avez eu un geste si généreux, merci encore. » Un mois plus tard, tous deux se croisèrent de nouveau. « Bonjour, Monsieur le Curé, comment allez-vous ? » Le curé semblait ravi de cette rencontre, le mendiant un peu moins. « Je vais bien, merci. Il faut que je vous dise, mon brave, que je n'ai jamais reçu le lièvre que vous m'aviez envoyé. – Ce n'est pas possible, Monsieur le Curé. – Croyez-en ma parole. De quelle façon me l'avez-vous expédié ? – Je vous l'explique, Monsieur le Curé. Je passais par le chemin des crêtes, vous connaissez ? Vers La Peyrade. Tout à coup, j'ai vu un énorme lièvre qui détalait à quelques mètres de moi. – Vous l'avez attrapé comment ? – Oh ! Je ne l'ai pas attrapé. Le voyant s'enfuir à toute vitesse et se diriger vers Boisset, je lui ai dit : Va-t'en chez Monsieur le Curé, tu seras bien reçu ! » Le mendiant riait de sa bouche édentée à ne plus pouvoir s'arrêter. « Ce n'est pas très honnête d'avoir pris mon argent, tout de même. – Je ne vous avais rien demandé car je ne pourrais jamais vous le rendre. Mais rassurez-vous, Monsieur le Curé, je vous le devrai toujours... »

Le curé rentra dans sa cure pour ne plus entendre rire le pauvre homme qui lui avait joué ce bien vilain tour !

Et Lucien riait, et ils riaient tous les trois.

Parfois, Lucien pensait à Jean-Baptiste Brayat, le poète-médecin dont le buste de bronze trône sur la place de l'église. Son grand-père lui avait appris son histoire. Né à Boisset en 1779, soit cent soixante-trois ans avant Lucien, dans la même contrée, cet étrange bonhomme avait laissé une légende vivace. Il avait été le neuvième et dernier enfant du juge royal de Boisset et le seul garçon. Il fit ses études de médecine à Mende, où il fut reçu officier de santé en 1816. Exerçant dans sa commune natale, il visitait ses malades avec le plus grand dévouement et prodiguait aux pauvres ses soins et ses remèdes.

Bien souvent, ceux-ci, trop démunis, lui promettaient de le payer après la vente des châtaignes. Il notait alors sur un petit carnet : *Famille X paiera si les châtaignes se vendent*, et elles ne se vendaient pas toujours un bon prix. L'homme écrivait des poésies humoristiques qu'il récitait et distribuait dans ses tournées. Quelques soins, une belle poésie admirablement clamée ont sûrement guéri bien des paysans. Jean-Baptiste Brayat reconnut un enfant naturel qu'il éleva. A la mort de la mère de celui-ci, il se maria et vint habiter à Lacoste tout en donnant une situation à son premier enfant.

« J'aurais bien voulu le voir, ce brave médecin », pensait Lucien.

Les jours passèrent bien vite. Puis, par un dimanche qui ne serait pas un dimanche ordinaire, ses parents, frères et sœurs s'annoncèrent. Lucien comprit que le dernier jour de vacances était lui aussi arrivé. Il se contenta de les accueillir du mieux qu'il put.

Après le repas de midi, qui traîna en longueur, il s'éclipsa et rejoignit Selme et Lalisse.

– Je pars ce soir, je suis venu vous dire au revoir. Je sais que vous serez toujours là, toi à la fontaine et toi au jardin du champ. Nous nous sommes tout raconté, vous êtes mes deux seuls amis au monde. Je penserai à vous tous les jours, c'est promis. L'année prochaine, on se reverra, j'en suis sûr. J'essaierai de revenir durant l'hiver, mais je ne peux pas le promettre. Au revoir Lalisse, au revoir Selme...

En revenant, il donnait des coups de pied à tous

les cailloux qui se trouvaient sur son passage, soulageant ainsi son chagrin et sa colère.

Lorsqu'il embrassa ses grands-parents, Justin lui glissa une pièce dans la main, et Léonie fit de même avec un billet, en lui chuchotant à l'oreille :

– Surtout, ne le dis à personne, mon pitiou. C'est pour prendre le train si tu voulais revenir avant l'été prochain.

Tout était dit dans ces quelques mots, toute la tendresse. Quand la micheline démarra de la gare, les mains de Lucien, posées à plat sur la vitre, semblaient vouloir se coller encore un instant sur ce paysage qu'il abandonnait malgré lui. La Moulègre et la voie ferrée utilisaient la même vallée. Tantôt apparaissant, tantôt disparaissant, le ruisseau vivait sa vie comme un personnage qui aime, joue, s'habille de joncs, de taillis, disparaît sous un tunnel, brille, clapote.

Les belles vacances étaient terminées. S'ensuivraient alors les derniers jours de congés ordinaires avant la rentrée des classes.

L'école reprit. Les jeudis et les dimanches Lucien jouait avec ses camarades, les jours raccourcissaient inexorablement. Ils allaient vers le ruisseau du Teil, qui n'avait rien de comparable à ceux de Boisset.

A Estarieu, les châtaignes devaient tomber... Il imaginait Justin, arc-bouté sur les terres pentues, emplissant les paniers et les sacs qu'il transportait à la gare, vers quelque marchand.

Puis l'hiver arriva, la neige aussi. On avait des nouvelles des grands-parents de temps en temps, peu souvent. L'habitude n'était pas à l'échange de courrier. Justin montait parfois jusqu'au Rouget pour quelques affaires ou achats particuliers, par le train, et s'en retournait le jour même. Léonie ne pouvait se déplacer, au grand chagrin de Lucien. Sa santé ne s'améliorait pas.

Aux vacances de Pâques, Lucien se rendit deux jours à Estarieu par le train. Il retrouva ceux qu'il aimait tant. Rien ne changeait dans la maison. Justin travaillait les jardins pour la saison, et la principale occupation était de se tenir en meilleure santé possible, près du cantou. La pêche avait tout juste commencé.

Justin annonça sa future acquisition, une motocyclette 125, Motobécane. C'était un événement. Léonie disait en riant :

— Je ne le verrai plus, il pourra aller pêcher au diable avec sa « pétrolette ».

Puis, plus sérieusement :

— Ça lui économisera ses jambes !

— Tu viendras me voir plus souvent au Rouget, et puis tu pourras me transporter sur ton porte-bagages quand nous irons à la pêche cet été.

135

– Bien sûr, Lucien, c'est aussi fait pour ça.

– Alors, cette communion, ça se prépare ? demanda Léonie.

– Oui, c'est pour le mois de juin. Je te raconterai puisque tu ne peux pas venir.

– Comme tu grandis, mon pitiou, quand je pense que nous t'avons eu si petit.

Pour toute réponse, Lucien souriait.

Près de la fenêtre, le catalogue de Manufrance, dépositaire de tant d'heures de consultation, attendait qu'on l'ouvrît une fois de plus. La manufacture de Saint-Etienne offrait tant d'articles : pêche, armes, cycles, tout y était pour le bonheur de tous.

La marmite était à sa place, dans le cantou, la cafetière bleue près des braises, non loin du chat qui faisait toujours semblant de dormir. Sous la hotte, il y avait les trésors habituels, et sur les bancs de bois, alignés le long de la table, il y avait la place de Lucien.

Dehors, sur le devant de porte, le soleil commençait à se distinguer, à installer de l'espoir. Le murmure du ruisselet venant de la fontaine possédait toujours cette particularité d'avoir du goût ! Arbres et buissons commençaient à se vêtir d'un vert tendre, hésitaient encore à croire à la chaleur estivale, se réservant pour le mois de mai. Seuls les coucous coloraient quelques talus.

Les haies et les ronciers paraissaient tout chiffonnés, parsemés d'herbes sèches regroupées par endroits par des vents inventifs, et le bord de certains chemins ressemblait à des sacs de jute déchirés et échevelés. Les barbelés avaient conservé leurs échantillons de laine volés à quelques moutons de la petite Léonie, et la brise s'amusait à les faire souffrir, fixés à ces pièges silencieux délimitant des parcelles étriquées.

Lucien courut à la fontaine, retrouva Lalisse. Quelque chose d'heureux s'installait à nouveau dans son cœur. Au jardin du champ, Selme l'attendait aussi. Quelles sensations de retrouver ces miroirs qui lui rendaient si bien son image !

– Cet après-midi, comme je viens d'arriver, je resterai à la maison. Demain nous nous offrirons une descente du pic pelé, une formidable course !

Puis il revint à la maison. Léonie semblait fatiguée, plus que d'habitude, aussi la crainte d'une de ses crises inquiétait-elle Lucien.

Elle se souvint d'une promesse qu'elle lui avait faite :

– La Léonie de Lacoste m'a donné un peu de laine, je t'avais promis de te montrer quelque chose...

Elle se dirigea vers l'armoire du fond, en sortit une quenouille d'osier garnie de laine brute et un fuseau.

– Voilà ce qu'il faut pour fabriquer un fil de laine. Si je ne te le montre pas, tu ne le sauras jamais. Tout ça n'existe plus de nos jours.

Ils s'installèrent tous deux sur la bergère, près de la fenêtre.

— Vois, mon pitiou, ce n'est pas difficile, il faut du temps et de la patience, c'est tout.

Léonie étirait la laine brute de la quenouille, petit à petit, faisant un cordon le plus régulier possible. Roulant l'extrémité entre ses doigts, elle la glissait dans la rainure du fuseau et laissait aller l'objet. Puis elle lançait le fuseau à l'aide du pouce et du majeur avec une adresse surprenante, pour qu'il tournât et tordît la laine sur elle-même. Dès que la qualité de torsion du fil lui convenait, elle arrêtait le fuseau, enroulait le fil sur celui-ci en fixant le bout dans la rainure. Elle reprenait de la laine, et ainsi de suite.

— Lorsque le fuseau est trop garni et s'alourdit, je fais des pelotes ou des écheveaux, tu vois c'est tout simple. Autrefois, les bergères filaient la laine, la quenouille et le fuseau ne sont pas encombrants à transporter. Certaines familles possèdent un rouet, un appareil plus moderne qui remplace le fuseau très ancien.

— Lorsque je ferai une composition française, en classe, je raconterai ce que tu m'as montré, c'est quelque chose que je n'oublierai jamais.

— Tu aimes toujours ce que l'on te raconte. Tout ça n'est que de l'histoire ancienne, la mécanique va remplacer le travail de nos pauvres mains devenues inutiles, tu verras. Moi, je ne le verrai pas...

— Faut pas dire ces choses, Mémé ! Faut pas !

– Le progrès, continua-t-elle, nous prendra tous. Ton grand-père, en Allemagne, a vu des engins agricoles qui moissonnaient et battaient en même temps. Te rends-tu compte ?

Lucien ne pouvait imaginer la machine, ces propos le dépassaient. Il aurait préféré que l'on soignât sa grand-mère et qu'elle remarchât comme tout le monde, alors que son état s'altérait.

Léonie lui raconta comment elle avait fabriqué son savon, comment elle avait grillé de l'orge pour remplacer le café et comment aussi elle battait au fléau avec les hommes, au temps où elle avait la santé.

– Ma mère ne sait-elle pas faire tout ça ?

– Elle doit se rappeler, mais c'est inutile maintenant de savoir toutes ces choses, ça ne sert plus à rien.

– Si, à me les raconter. Sans toi, je n'aurais jamais su que tu avais fait tous ces travaux, raconte-moi encore ce que tu sais et que j'ignore.

La mémoire de Lucien s'enrichissait chaque jour. Sans le savoir, sa pensée s'imprégnait de la vie du passé, des siens. Il percevait ces trésors qui s'effaceraient un jour, oubliés à jamais et remplacés par d'autres. Peut-être était-il là pour en devenir le dépositaire, qui sait ?

Le train habituel ramena Lucien chez lui. Déjà dans sa tête trottaient les perspectives de merveilleuses vacances d'été. Ses résultats scolaires se situaient dans la bonne moyenne malgré ses mauvaises notes en écriture et en géographie.

Le hasard se chargea alors de provoquer une rencontre inattendue. Retraité de l'enseignement libre, un prêtre demeurait à Roumégoux, petite commune et paroisse voisine. Or, ce curé avait été l'ami du grand-père paternel de Lucien malgré ses tendances fortement communistes – l'un n'empêche pas l'autre – au temps où le prêtre pratiquait dans la paroisse de Rouziers. Tous deux lisaient *L'Humanité* et *La Croix*, et des discussions s'éternisaient jusque fort tard dans la nuit, et même jusqu'au petit matin. Leur amitié n'en était que plus solide ! Ce prêtre, allez savoir pourquoi, confia à Lucien un livre de Francis Jammes, un recueil de poésies.

– Si tu aimes ce livre, tu pourras le garder...

C'était la première fois qu'il recevait un livre en cadeau. Il s'en souviendrait longtemps, peut-être toujours. Les textes, plus précisément les poésies pastorales, lui plaisaient et convenaient à son état d'âme.

> *J'aime l'âne si doux,*
> *marchant le long des houx.*
> *Il bouge ses oreilles*
> *et prend garde aux abeilles.*

Sans doute communiait-il avec les rimes, sans s'en rendre compte, et se familiarisait-il avec ce mode d'expression privilégié qu'est la poésie.

140

Un jour, en compagnie de l'un de ses camarades, Lucien se rendit chez l'abbé Barrière, puisque c'était de lui qu'il s'agissait. Un homme grand, maigre et en soutane les accueillit dans la modeste demeure. Lucien écarquillait les yeux devant le nombre considérable de livres qu'il découvrait. Il y en avait partout, jusque sur la table où il devait prendre ses repas.

– J'ai tout le temps pour lire, leur dit le vieux curé qui devinait la surprise des enfants.

Puis :

– As-tu des nouvelles de ton grand-père Germain ?

Lucien, surpris par la question, répondit par un mouvement de tête affirmatif. Le prêtre continua :

– As-tu ouvert le livre de Francis Jammes ?

– Oui, Monsieur le Curé, et ça me plaît beaucoup.

– C'est bien, mon petit. N'oublie jamais que tout est inscrit dans les livres, tu le vérifieras toi-même plus tard.

Tous trois parlèrent encore une bonne demi-heure, puis les jeunes prirent congé. Denis demanda à Lucien :

– Comment tu connais ce curé ? Vous êtes parents ?

– C'est un ami de mon grand-père paternel, enfin, du temps où ils habitaient tous les deux dans le même village.

– C'est donc ça, je ne comprenais pas.

– Il n'y a rien à comprendre et c'est pas extraordinaire du tout.

Denis fut vexé par cette réponse brutale.

– Un jour, Lucien, peut-être que je te dirai quelque chose, quelque chose qui te concerne, mais pas aujourd'hui. Ou peut-être que je ne te le dirai jamais !

Lucien, surpris et contrarié :

– Alors, fiche le camp, je rentre seul chez moi, j'ai pas besoin de savoir...

Denis marmonna des mots inaudibles. Comme ils n'étaient plus très loin de chez eux, ils se séparèrent. En s'éloignant, Denis lança : « Même si ce n'est pas moi qui te le dis, tu le sauras bien un jour... »

Denis, enfant de l'Assistance publique, avait été placé chez de braves personnes qui avaient souhaité sa venue. L'école n'était pas son territoire de prédilection, mais son amitié en valait bien d'autres.

Tous deux se fâchaient parfois mais se réconciliaient toujours.

Les jours passèrent et Denis ne disait rien. L'affaire fut oubliée.

9

Une fin d'après-midi, alors que Lucien rentrait de l'école et qu'il se précipitait sur une tartine de confiture, sa mère lui dit :

— Voilà : les Balmisse de Lascombe sont venus me voir, ils te veulent dans leur ferme pour cet été.

La nouvelle tomba, sans prévenir, comme un avis de décès.

— Et qu'as-tu répondu ?

— Que c'était d'accord, tu ne vas pas passer deux mois à traîner dans les rues, alors qu'ils sont contents de te prendre. Il y en a assez qui ne savent que faire ; ils font des bêtises, des polissonneries et c'est tout. Au moins, tu serviras à quelque chose, et même l'instituteur sera content.

— Ça ne m'étonne pas de lui. Il traîne, lui, dans les bistrots tous les soirs à la sortie des classes. Il boit, parfois il frappe sa femme, on me l'a dit, et avec ça il se mêle de la vie des autres, toujours à donner des leçons. Le père La Pipe, c'est un malade...

– Arrête, Lucien, tu ne dois pas parler de ton instituteur ainsi. Ton père sera content lui aussi que tu
ailles garder les vaches, tu apprendras toujours quelque chose.

– Je ne pourrai pas aller à Boisset ?

– Tu auras d'autres occasions d'y aller, certains
dimanches ou des jeudis.

Il n'y avait rien à ajouter. Les parents de Lucien
l'avaient « loué » pour l'été. Les vacances ne seraient
pas pour lui. Avec ses douze ans, il partirait aux
champs.

Lucien écrivit à ses grands-parents, en leur expli-
quant les raisons pour lesquelles il n'irait pas chez
eux cet été. Il choisit les mots qui ne les blesseraient
pas, mais dans son cœur, c'était le drame !

Quelques jours plus tard, à la sortie des classes,
par un après-midi qui ressemblait aux autres, Denis
et Lucien se retrouvèrent ensemble pour un bout
de chemin. Denis provoqua Lucien sur un sujet qui
n'en valait pas la peine, comme bien souvent.

Lucien, qui n'avait pas le cœur à rire, pensant à
ce qui l'attendait durant l'été, le rabroua.

– Laisse-moi tranquille, rentre chez toi.

– Ça n'a pas l'air d'aller, mon vieux, mais qu'est-ce
que t'as depuis quelques jours ?

– Ça ne te regarde pas !

Malgré la mauvaise humeur de son camarade,
Denis osa :

– Tu veux bien me prêter ton livre de poésie ?

– T'y connais rien en poésie, et puis ce n'est pas un livre pour toi.

– On avait conclu un marché, tu ne t'en souviens pas ?

Lucien s'immobilisa.

– Alors c'est quoi ton histoire ?

Denis se figea lui aussi.

– J'ai pas besoin de ton bouquin, mais je sais quelque chose. Moi je suis orphelin, c'est comme ça et tout le monde le sait, mais toi...

– Alors quoi, moi ?

– Ton père, c'est pas ton père !

Lucien reçut le choc en pleine poitrine. Il souffrait que l'on sache ce qu'il redoutait d'apprendre. Il posa son cartable et devint si menaçant que l'autre tenta de s'enfuir, en vain. Lucien se précipita sur son camarade. Une empoignade sérieuse s'ensuivit et les coups de poing s'abattaient sur Denis qui tenta de se défendre tant bien que mal. La honte et le chagrin décuplaient les forces de Lucien. Tous deux roulaient sur le sol, emmêlés maladroitement, attaquant ou se défendant, s'injuriant pour donner plus de poids à leur combat.

Le sang coulait d'une lèvre de l'un, d'une joue de l'autre. Lucien prit le dessus, serra Denis à la gorge. Celui-ci devint tout rouge, ouvrit la bouche, et ses yeux supplièrent son adversaire qui finit par lâcher prise. Lucien hurla :

– Que sais-tu encore ?

– Je ne sais pas autre chose.

– Ne dis jamais ça à personne, sinon je te tuerai !

Denis ramassa ses affaires et s'enfuit à toutes jambes, en lâchant quelques insultes bien senties.

Lucien resta assis par terre, les cheveux ébouriffés, les yeux rouges, la lèvre qui gonflait de minute en minute et le coin de la bouche sanguinolent. Il prit sa tête dans ses mains et pleura de tout son être. Le déshonneur le terrassait.

Le temps passait, il dut se résigner à rentrer en fort piteux état.

– Il y a eu de la bagarre, que s'est-il passé, Lucien ? demanda sa mère en l'apercevant.

– Ce n'est rien, je suis tombé en jouant.

– Mange donc une bonne tartine et ça ira mieux.

Pour toute réponse, il gagna sa chambre et n'en ressortit qu'à l'heure du dîner. Son frère et ses sœurs comprirent qu'il ne fallait pas lui poser de questions. Puis il alla se coucher aussitôt ; il avait besoin de réfléchir avant de prendre une grande décision.

Bientôt, se disait-il, tout le monde saurait. Il ne le supporterait pas. N'ayant pas les moyens de se défendre, il ne lui restait plus qu'une chose à faire : *disparaître*. Sa décision était prise, ce serait pour demain. Il était sûr de lui, déterminé, aveuglé par la honte.

– Cette nuit, je ne veux pas dormir, je veux penser à tout ce qui m'arrive, se répétait-il.

Mais à douze ans, le sommeil vainc toutes les résistances, et ses paupières se fermèrent doucement, malgré lui.

Lorsqu'il se réveilla, la lumière du jour envahissait sa chambre. Son frère, qui partageait le même lit, dormait encore. Lucien se vêtit et but son bol de lait habituel, il ne fallait changer aucune habitude. Sa mère lui demanda d'aller chez le boulanger et l'épicier. Il accepta à contrecœur, et de ce fait repoussa son projet, mais ce n'était que partie remise.

Dans le bourg, il n'osait pas regarder les personnes qu'il croisait et évitait les camarades. Il devinait dans leur attitude et leur regard d'étranges sentiments à son égard. Untel ou Unetelle devait savoir, c'était sûr ! Tout cela le confortait dans son plan. Ce serait pour l'après-midi de ce jeudi.

Après le déjeuner, il ne traîna pas. Le chemin de fer se situait à quelques centaines de mètres de chez lui. Il y aurait un train de marchandises dans quelques instants, comme tous les jours. Il l'attendrait.

Marchant entre les deux rails qui luisaient sous le soleil, il retrouvait la cadence qu'il avait avec son grand-père lorsque tous deux allaient à la pêche du côté de la Moulègre. Il se refusa à penser à ses grands-parents.

Il s'arrêta dans une légère courbe, s'assit sur un rail, et se releva aussitôt. Le métal était brûlant.

– Comment vais-je faire ? Il faut bien que je me couche sur les rails...

Il reprit la position, mais dut se relever très vite.

– C'est trop chaud, et c'est pas commode...

Le train annonçait sa venue. Lucien regardait autour de lui, ne sachant trop comment s'y prendre. La machine se rapprochait, bientôt il la verrait dans la courbe, venant de Boisset. Lucien paniqua. Le train apparut. Une énorme locomotive crachant sa fumée noire, épaisse. Lucien se tenait debout, un pied sur un rail, le buste droit, comme paralysé. La loco était maintenant tout près, il la fixait.

Soudain, un énorme coup de sifflet troua ses oreilles et le fit réagir. Le mécanicien l'avait repéré et le prévenait. Ce n'était pas la première fois que des enfants tentaient de rester le plus longtemps possible face au train, par jeu ou provocation. Lucien s'écarta prestement et la locomotive passa devant lui, impressionnante et fumante. Le conducteur lui lâcha quelques mots, mais ils se perdirent dans le fracas du convoi et l'indescriptible déplacement d'air qui secoua Lucien et toutes les plantes sauvages qui bordaient la voie.

Raté ! Encore tremblant de panique, Lucien s'engouffra dans un taillis, le temps de retrouver son calme.

– Ça doit être terrible de passer sous un train, dit-il en jetant un dernier regard vers la voie ferrée. Je comprends mon grand-père qui me recommandait tant de prudence !

Mais peu à peu et malgré la peur, il recommença de ressasser son tourment. Il en voulait à Denis.

148

Pourquoi lui avait-il fait tant de mal ? Si les autres l'apprenaient ?

Lorsque le ruisseau du Teil lui apparut, on aurait pu lire sur son visage comme une révélation...

– Voilà ce qu'il me faut, dit-il. Un endroit assez profond, moi qui ne sais pas nager.

Et en proie à la même souffrance, il vit le cours d'eau approcher. Il n'était guère profond, mais il trouverait le bon endroit. Personne dans les parages, ce devait être le bon moment. Quelques secondes d'immersion, après tout, ce ne devait pas être si terrible...

Lucien se glissa dans le lit du ruisseau, à l'endroit le plus profond. L'eau à bonne température lui procurait une sensation agréable. Il avançait. Le niveau atteignit la ceinture. Lucien ne se souciait ni de ses vêtements ni de ses chaussures. Il s'accroupit jusqu'à ce que l'eau touche son menton. C'est le moment, pensa-t-il.

Il plongea d'un seul coup la tête sous l'eau. Il demeura ainsi quelques secondes... Une sensation étrange s'emparait de lui. Et puis, n'y tenant plus, il émergea bruyamment. Vexé, il tenta de renouveler son geste. Même résultat ! A la troisième tentative, il glissa, perdit pied et s'affala au fond du ruisseau. Saisi de panique, retrouvant l'instinct de survie, il se débattit comme un beau diable, toussant et crachant à grand bruit en regagnant la berge. Et là, il se mit à hurler son désespoir.

– Je n'y arriverai donc jamais ! Mais qu'est-ce que je dois faire ?

Il s'étala de tout son long sur l'herbe chaude, trempé, pieds et chaussures lestés de vase noire. La lèvre toujours enflée, le visage écarlate, les cheveux en pétard, il était vaincu, à jamais honteux et triste, mais toujours vivant !

– C'est si compliqué que ça, de vouloir disparaître... ?

Il aurait tant voulu être un enfant normal, comme ses camarades, ou avoir un caractère différent pour admettre sans réfléchir.

Puis il songea à Denis, et la situation de son ami lui apparut soudain pire que la sienne. Lui n'avait ni père ni mère, pas même des grands-parents chez qui se réfugier, et pourtant il semblait ne pas en souffrir...

A cet instant, ses pensées coururent vers Estarieu. Son grand-père devait faire la sieste et Léonie se reposait sans doute sous le tilleul. Il aurait tant voulu voler vers eux et partager la quiétude de la douce maison qui gardait ses trésors. Et Lalisse ? Et Selme ? Qu'auraient-ils pensé de ses agissements ?

Il se releva, lava ses pieds et ses sandales, ôta sa chemisette et son short qu'il étala sur des buissons afin que le soleil les séchât. Pas encore remis de son échec, il promenait son regard autour de lui, jouait machinalement avec des brins d'herbe, observant quelques sauterelles dans leur saut fantastique.

Le soleil, dans sa plénitude, colorait doucement

sa peau, cependant qu'il s'endormait, recru de la fatigue douloureuse des âmes en quête d'amour.

– Hé ! Petit ! Réveille-toi, tu es rouge comme une écrevisse !

Un promeneur l'avait aperçu et, craignant le pire, l'extirpait de son sommeil. Lucien, hagard, revenait à la réalité.

– Faut pas s'endormir en plein soleil, tu pourrais avoir une insolation et en mourir !

– Merci M'sieur, dit-il simplement.

Tandis qu'il se rhabillait, une guêpe se posa sur son bras.

– Tu ne vas pas t'y mettre toi aussi, maintenant je n'ai plus envie de mourir !

L'idée de disparition avait quitté sa route. Lucien affronterait désormais la vie du mieux possible, enjambant les gouffres et nageant dans les courants, fussent-ils contraires... Après tout, il devenait un grand garçon, que diable !

En ce début de vacances d'été, il prit seul la direction de Lascombe. On put le voir gravir le sentier bordé de hêtres gris avec, pour tout bagage, quelques vêtements de rechange et peut-être une deuxième paire de chaussures.

La ferme était située à environ un kilomètre et demi de sa maison, en prenant le chemin communal qui longeait le ruisseau. Il ne prit aucun raccourci ce jour-là.

Le couple Balmisse, sans enfant, accueillit le très jeune pâtre avec gentillesse. On lui montra sommairement la propriété et sa chambre. La surprise fut grande. Le bâtiment d'habitation était assez petit, accolé à une dépendance délabrée et non occupée, suivie d'une autre, avec un étage qui avait dû, autrefois, servir de logis. Ce serait donc ici que Lucien dormirait, dans une grande pièce blanchie à la chaux, où l'on accédait par un grand escalier de pierre extérieur et dans laquelle on entassait des sacs de grain.

— Tu n'auras pas peur, Lucien ? Tu ne risques rien ici, nous sommes à côté. Si tu le veux, nous fermerons chaque soir la porte de l'extérieur.

Lucien acquiesçait sans dire un mot. Une épreuve de plus. Personne n'avait entendu dire du mal de ces gens, mais on voyait bien qu'ils n'avaient jamais eu d'enfant...

— Tu es chez nous pour garder les vaches, mais tu pourras aussi nous aider un peu dans les menus travaux. Les dimanches après-midi, tu pourras aller chez toi et rentrer le soir, pour être prêt le lendemain matin.

Les conditions de travail ne paraissaient pas insurmontables. Il ferait tout son possible pour montrer sa vaillance et son courage, de crainte d'être peut-être renvoyé chez lui.

Chaque jour apportait sa surprise, une nouvelle

tâche, parfois un nouveau pâturage. Bien que ce ne fût pas toujours facile, le pâtre de douze ans résistait. La peur des premières nuits s'estompait. Un chat marron et blanc lui tenait compagnie, chassant les souris qu'attirait le grain, et qui menaient grand train, la nuit venue, dans le grenier au-dessus de son lit. Blotti sous l'édredon, les draps remontés jusqu'aux yeux, on n'aurait deviné de lui que sa chevelure.

Le premier dimanche, il rejoignit sa famille dans l'après-midi, et voulut expliquer en quoi consistait son travail. Peine perdue, on ne l'écoutait pas. Il comprit très vite qu'il valait mieux se taire, ne rien dire, et pas davantage à ses camarades qu'il n'intéressait pas.

– Tu n'es pas obligé de venir tous les dimanches à la maison, lui dit-on enfin. Quand Madame Balmisse passe pour faire ses commissions, qu'elle nous donne des nouvelles !

Ce fut dur à entendre. « Mais sans doute ont-ils raison », pensa Lucien.

Tous les matins, à 7 heures, Julia Balmisse le réveillait, l'extirpait de sa nuit et de ses rêves. Entre songe et pensée, l'esprit de Lucien vagabondait vers les terres d'Estarieu et dans ses éternelles incertitudes. Pourquoi n'était-il pas en vacances, comme les autres ?

Il finit par s'habituer aux travaux que ses maîtres exigeaient de lui, participait aux fenaisons, aux moissons sans rechigner. Il y avait même des moments où il était heureux.

Lorsqu'il surveillait ses onze bêtes, c'était par un

153

appel que Julia lui indiquait l'heure de rentrer. Aussi attendait-il ce signal avec impatience, lorsqu'il avait faim et que ses patrons, occupés à quelque ouvrage urgent, tardaient à appeler. Le morceau de pain, le fromage et l'œuf dur emportés le matin avaient été depuis longtemps dévorés, parfois partagés avec son chien.

Un jour, il y eut une pousse extraordinaire de champignons. Tout en surveillant son troupeau, le jeune pâtre fit une découverte merveilleuse : des dizaines et des dizaines de cèpes, hauts sur pied et magnifiques. Il les cueillit et les dissimula au pied de genévriers et de fourrés qu'il recouvrit de mousse. La cueillette était si importante qu'il se demanda ce qu'il allait en faire !

Les Balmisse lui dirent qu'à Cayrols, une commerçante les achetait pour un grossiste.

– Quand tu auras déjeuné, prends donc une brouette et va les vendre, ça te fera quelques sous !

Lucien remercia pour cette proposition intéressante.

– Comme je perdrai un peu de temps, je n'irai pas chez moi les dimanches, je préfère gagner des sous pour m'acheter un blouson pour la rentrée.

C'est ainsi qu'il se rendit à Cayrols par des raccourcis, la brouette débordante de cèpes. Dans la rue principale du bourg, les gens se retournaient, étonnés.

– Mais d'où les sort-il ?

On les lui paya un prix qu'il jugea honnête, en vrai argent qu'il glissa dans le fond de sa poche.

– Tu peux revenir tous les jours avec ta brouette, je te les prendrai toujours. Tu m'as l'air bien dégourdi, toi !

La commerçante lui offrait en plus une gourmandise, un clin d'œil à son âge et son courage. Puis, bien vite et fier de lui, il reprenait le chemin de Lascombe. Les Balmisse dégustèrent aussi, grâce à Lucien, d'excellents champignons. Pendant quelques petits jours, il put se constituer ainsi une modeste et combien précieuse cagnotte !

Tout au long de ces heures de surveillance des bêtes, il rencontra d'autres pâtres, enfants des paysans voisins qui s'étonnaient de voir quelqu'un qui n'était pas des leurs travailler dans une ferme. Chacun racontait son histoire et partageait parfois le casse-croûte du matin. On pouvait l'entendre siffler ou chanter à pleins poumons dans les prés, accompagnant un voisin qui jouait de l'harmonica.

Et puis, un jour, survint un incident fâcheux. A la suite d'une erreur de surveillance, ses bêtes, attirées par le blé noir, le sarrasin d'un voisin, franchirent la limite du champ défendu et causèrent des dégâts. Mais quand Lucien s'en aperçut, il était trop tard, le mal était fait. La réprimande fut sévère, justifiée certes, mais sévère !

Le temps passa, seuls les jours de pluie ou d'orage s'écoulaient plus tristement. Le chien nommé Flûteau, un bon chien de berger – qui refusait d'obéir les jours de grande chaleur, et même disparaissait pour le compte à l'approche d'une chienne allé-chante –, se collait à lui, contre ses jambes, profitant de l'abri d'une pèlerine prêtée par Madame Balmisse. Dans ces moments d'intimité, Lucien lui parlait de Selme et de Lalisse.

Un soir, avant de s'endormir, il se demanda pourquoi, lors de sa communion solennelle, il n'y avait pas eu d'invité chez lui, personne de la famille. Un camarade lui avait prêté une veste pour la cérémonie, et le brassard provenait d'une famille de Mazarguil, à qui il l'avait lui-même demandé. En le lui remettant, ces braves gens avaient glissé à l'intérieur de la boîte une pièce de cinq francs...

Puis le sommeil, comme un buvard, dilua ses sombres pensées.

Le mois d'août amenait aussi les battages à Lascombe. Lucien les vivrait de l'intérieur, cette fois. Ces manœuvres ressemblaient à celles de Lacoste. Ici, le jeune pâtre participait davantage aux travaux et au grand repas servi dans le verger, sous les fruitiers. Sans le savoir, il s'imprégnait de la vraie vie de la terre.

Julia Balmisse lui confiait aussi le soin de livrer le beurre au Rouget, chez les commerçants qui le revendaient. Peut-être favorisait-elle ainsi une visite chez ses parents. Parfois, certains de ses camarades se moquaient de lui, aussi n'avait-il aucune peine à reprendre le chemin de la ferme.

Puis le contrat arriva à son terme, l'école reprendrait prochainement. Quelques jours plus tard, Madame Balmisse se présenta chez Lucien. Elle remit à sa mère le montant de la somme convenue.

Le soir même :

– Tu vois que tout s'est bien passé. Ils ont été si contents de toi qu'ils te veulent pour l'année prochaine, tu te rends compte ?

Il comprit qu'il n'y aurait plus jamais de vacances pour lui, et songea que, peut-être, s'il avait mal fait son travail...

Sa mère ajouta :

– Tu pourras même y aller pendant les vacances de Pâques, leur donner un coup de main.

« On m'a volé mon été, et on m'en privera encore l'année prochaine », et cette inquiétude nouvelle le tourmentait.

Quelques jours avant de reprendre l'école, il apprit que Denis avait quitté le village, ils ne se reverraient donc pas. Il ignorait si cette situation lui serait favorable ou non. Mais il pensait qu'il aurait maintenant été capable de parler calmement avec lui, et peut-être de se confier un peu plus. Et même, il lui aurait certainement prêté son livre de poésie.

L'enfance inachevée

A la rentrée, chacun raconte ses vacances. Lucien se taisait. Ses travaux dans les fermes n'intéressaient pas les autres. Pour certains – toujours les mêmes – sa situation servait à déclencher la risée générale, pour plaire aux filles... Même le père La Pipe y allait de son couplet ! Pourquoi n'aurait-il pas dit aux élèves : « Lucien n'a pas traîné les rues, vous n'avez pas entendu parler de lui, il travaillait pendant que vous vous amusiez ! » Mais non, rien de tel ne fut jamais prononcé.

Lucien s'était acheté une veste réversible, grise du côté imperméable, pied-de-poule bleu et gris clair de l'autre. La recette de la vente des champignons avait été bien utilisée. Ayant pris goût à ce commerce, il continua sa cueillette à l'automne et reconstitua ses économies, jalousement gardées dans un petit coffre de bois cadenassé ! S'il avait pu, il y aurait aussi enfermé ses tristes méditations.

A force de réflexion, il arrivait à penser que tout cela était normal et que, dans les familles peu fortunées, l'aîné devait se sacrifier pour les autres.

Comme il avait quelques sous, il prenait le train du matin, direction Boisset, et rentrait le soir vers dix-neuf heures. Rien ne valait ses escapades chez les grands-parents. Léonie se penchait de plus en plus, pliée en deux, et ses pauvres jambes se croisaient. Lucien lui souriait pour lui dire qu'elle était toujours la même, alors qu'il était très inquiet. Justin utilisait sa motocyclette pour faire les courses. Lucien prenait toujours quelques minutes pour parler à Selme et à Lalisse.

L'année de ses treize ans n'apporta rien de nouveau par rapport à la précédente, sinon quelques jours de plus à la ferme, à Pâques.

Pour Lucien, le travail devenait plus important et plus dur. On comptait sur lui. Le temps d'adaptation de la première année était dépassé. Même s'il ne faisait pas partie des grands gabarits, le maniement de la manivelle de la meule exigeait bien des forces quand Monsieur Balmisse affûtait la lame de sa faucheuse. On aurait dit qu'il appuyait un peu plus sur la pierre. Quant à la fenaison, Lucien tenait son rang parmi les faneurs, maniant le râteau comme les autres, ses patrons.

Ses petits bras devaient aussi détacher et attacher les bêtes à l'étable. Il devait entourer le cou des vaches de toutes ses forces pour fermer le licou. La taille du taureau lui posait quelques problèmes mais, avec du courage, il y parvenait.

Il participait aux moissons du blé et du seigle. On ouvrait le chemin à la faucille pour le premier passage de la moissonneuse-faucheuse, et sitôt la rosée du matin levée, l'attelage des grands bœufs tirait l'engin. A la machine, assis sur le siège métallique, Delphin Balmisse commandait les poignées qui laissaient choir les javelles. Devant, Lucien menait les bêtes envahies de mouches et de taons qui parfois le dévoraient lui aussi.

Derrière suivaient Julia et une aide qui liaient les gerbes et les déplaçaient, travail pénible sous le soleil. Les chaumes blessaient les chevilles de Lucien, mais le temps n'était pas à se plaindre, tout le monde peinait.

Lorsque la surveillance du troupeau lui revenait enfin, il était ravi de retrouver le silence des prés et le temps des rêveries. Il visitait aussi le ruisselet qui serpentait dans la prade, et fut tout heureux de prendre quelques truites à la main. Ce n'était pas du vrai braconnage, seulement un passe-temps agréable. Bien d'autres pâtres en faisaient autant.

Cet été-là s'écoula lui aussi.

Vint l'année du certificat d'études, l'année de ses quatorze ans.

Dans la classe des grands, sous la férule du père La Pipe – il portait bien son nom –, son travail était satisfaisant, malgré les observations « Peut mieux faire » et de très mauvaises notes en écriture. La géographie avait aussi du mal à s'imposer !

Dans sa tête germait l'idée d'apprendre un métier. Monsieur Selinge, tailleur au Rouget, promit de le prendre en apprentissage. Les parents n'ayant pas les moyens de l'envoyer dans une école professionnelle, l'affaire fut conclue.

L'épreuve du certificat eut lieu le 19 juin 1956

et, le 1ᵉʳ juillet, Lucien entrait en apprentissage. Le contrat officiel commençait en octobre, mais comme toujours, il ne fallait pas « *traîner les rues* ». Il eut droit aux dix derniers jours de juin pour toutes vacances, cela devait bien lui suffire !

Lucien en profita pour se rendre chez ses grands-parents. Ils parlèrent de sa réussite au certificat et de son avenir. Léonie était heureuse de savoir son petit-fils en apprentissage, surtout dans ce métier.

– Tu habilleras tout le monde, c'est bien, mon pitiou. Avec un métier, on s'en sort toujours, je suis contente pour toi.

Lucien et Justin firent une expédition à la pêche, partirent en moto. Bien sûr plus rapide et moins fatigant, le voyage ne valait pas les longues marches d'avant, quand ils pouvaient parler, observer, et sentir cette nature à pleins poumons.

Léonie eut une autre crise, et Lucien crut que la mort de sa grand-mère était proche. Ce fut insoutenable. Lucien retint ses larmes et resta près d'elle.

Quand il s'en retourna chez lui, il doutait de Dieu. Malgré ses prières et ses pensées, rien ne s'améliorait.

L'apprentissage commença dans le modeste atelier du troisième étage. Une ouvrière, Henriette, l'accueillit aimablement. Il allait découvrir le travail de tailleur et apprécier les qualités professionnelles et humaines du maître : Monsieur Selinge.

Les petites mains de Lucien durent apprendre à tenir l'aiguille, coudre à plat sur la table – ce n'est pas facile pour un débutant –, piquer les revers, etc. De plus, la Chambre des Métiers du Cantal organisait des cours par correspondance et, chaque soir de la semaine, sauf pendant les périodes de vacances scolaires, Lucien devait travailler assidûment. Il réalisa quelques prouesses en dessin, qui reçurent d'excellentes notes et de la suspicion en même temps. Il lui fut reproché de se servir de corrigés antérieurs d'Henriette pour obtenir de tels résultats. Son maître d'apprentissage soutint Lucien, qui, convoqué à la Chambre des Métiers, démontra à tous qu'il était bien l'auteur de son travail !

Au printemps, Léonie fut hospitalisée quelques jours. Lucien se rendit à l'hôpital d'Aurillac. Sa grand-mère lui dit qu'elle ne voulait pas rester dans ces lieux, elle ne voulait pas mourir à l'hospice !

Elle revint à Estarieu, peut-être réconfortée mais non guérie. Sentant ses forces diminuer, elle attendrait son fils Pierre, qui devait terminer son service militaire au Maroc, pour le revoir une dernière fois.

A quinze ans, Lucien essayait de comprendre et d'admettre les événements. Il lui fallait pour cela faire taire chagrin et révolte... Comment l'aurait-il pu ? Le temps lui avait volé tant de choses, et bientôt peut-être... On lui avait dérobé une partie de son enfance, et l'adolescence l'agrippait déjà dans ses filets aux mailles blessantes.

Tous ces jours passés à Lascombe, à travailler, il aurait dû les vivre à Boisset, auprès de ceux qui l'aimaient assez pour respecter son âge et ses joies d'enfant. Ce temps, irremplaçable, lui était perdu à tout jamais. Il écrivit alors ce brouillon de lettre à un ami, peut-être à Selme ou à Lalisse :

Mon cher ami,

Il est temps aujourd'hui de t'écrire une lettre,
Pour revivre un instant, un souvenir peut-être,
Comme un ruisseau sans fin se promène toujours.
Je ne peux oublier ce que furent ces jours.
Le temps de mes douze ans, des sans-anniversaire,
Je vais te retracer mes vacances scolaires.
Pour gagner quelques sous, de braves paysans
Me prirent pour berger, payèrent mes parents.
Je ne pouvais alors n'en faire qu'à ma guise,
Et je dus obéir, la chose fut comprise.
Les matins étaient durs, mes rêves ils chassaient.
La pendule sonnait, les semblants se cassaient...
Déjà la basse-cour piaillait de toutes parts,
Le ciel en conquérant balayait les remparts.
Les perles de la nuit prisonnières des toiles

163

L'enfance inachevée

Décoraient alentour en une pluie d'étoiles
La margelle du puits. Tandis que les buissons
S'éveillaient à ce jour où chantaient les pinsons.
Les bêtes lentement s'éloignaient de l'étable
Et longeaient le vieux mur, se frottant à l'érable.
Te dire ces moments, c'est comme retrouver
Un peu de mon enfance et la peur de pleurer.
Ô les bois, les chemins, les multiples parcelles,
Tout paraissait mouillé, scintillant d'étincelles :
Genévriers épais, des chênes rabougris,
Au bord d'un pauvre champ, de vieux pommiers aigris.
Pour me dire bonjour : la royale fougère,
Et m'asseoir un instant : une douce bruyère.
La lumière et le vent, et mon chien, son troupeau,
Il ne me manquait rien, même pas mon pipeau !
J'étais le maître ici. Devant moi mon royaume,
Ne fût-ce qu'un instant, ne fût-ce que de chaume.
Alors j'ai dû rêver, comme rêve un enfant,
Le regard vers le ciel et le cœur triomphant.
Et si c'étaient mes pieds que mes yeux regardaient ?
Avec de la tristesse et des mots qui manquaient,
A moins que ce ne fût un baiser, des câlins...
Pour oublier cela je faisais des moulins !
Le maigre ruisselet, frôlant une églantine,
Venu d'où l'on ne sait clapotait sa comptine.
Mon chien me regardait, partageait mon regard,
Chacun de nous avait pour l'autre de l'égard.
Alors venait le soir au bord du crépuscule,
Comme à la fin d'un vers on met une virgule !

L'enfance inachevée

Or le petit berger aux galoches de bois
Ramenait au bercail en usant de sa voix
Le paresseux cheptel du lointain pâturage
Aidé du compagnon que le soir encourage.
Les jours étaient bien longs, mes genoux bien petits,
Je n'avais que l'espoir des rêves interdits.
Te souvient-il encor de ce temps de chez nous ?
Nous l'avons gaspillé sans d'autre rendez-vous.
Pourtant il le fallait, il fallait que l'on vive,
Alors ne m'en veux pas si d'une plume vive,
Je vais au rendez-vous de mes douze et treize ans,
Au risque d'écorcher des soleils imposants !

Signé : TON AMI LUCIEN.

Il y avait tant de mélancolie dans ces vers qu'il fut heureux et triste en même temps de les avoir écrits.

Le sort s'acharna alors sur Justin qui fut bien malade lui aussi. Rien n'allait plus dans la maison d'Estarieu.

Lucien terminait sa première année d'apprentissage. Déjà les termes précis du métier s'ancraient dans sa mémoire : surfiler, bâtir, entoiler, plastronner, points d'aplomb, mise sur toile. La grande différence entre l'école professionnelle et l'artisan était celle-ci : en école, lorsqu'on réalise une pièce, une partie de vêtement, le travail mérite et obtient une note, et la pièce n'est plus utilisée. Chez l'artisan, le travail de l'apprenti demeure sur le vêtement, il n'a pas droit à l'erreur. Il n'y a de place dans l'atelier du maître-tailleur, que pour le travail parfait, méthode qu'il inculquait sans vanité, mais avec assurance. L'enseignement était rigoureux, précis et précieux. Une exécution défectueuse représentait une perte inadmissible.

Raymond Selinge, maître-tailleur, homme de droiture et d'intelligence, transmettait à ses apprentis bien plus qu'il n'imaginait : l'apprentissage de la vie, en quelque sorte. Lucien recevait ici les clefs qui lui serviraient plus tard à entrer honnêtement dans son avenir d'homme, mais il l'ignorait encore.

Lucien grandissait, son regard changeait. Son copain était à l'école professionnelle d'Aurillac, les jeunes du même âge éparpillés, le plus souvent en secondaire. Quant aux filles... il était trop timide. Son frère et ses sœurs grandissaient aussi, les filles feraient des études.

Mais il était dit que cette année 1957 ne serait pas comme les autres. La santé des grands-parents devenait préoccupante. Léonie fut une fois de plus hospitalisée, et les médecins ne laissèrent que très peu d'espoir, son cœur était usé. Quand elle revint à Estarieu, ce fut Justin qui la remplaça à l'hôpital pour y subir une grave opération.

Pierre Sareille revint enfin du Maroc, son service terminé. Quelques jours plus tard, le matin du 14 octobre, Lucien sentit chez lui quelque chose d'inhabituel. Son père était là, au lieu d'être à son travail.

– Que se passe-t-il ? demanda-t-il.

Après avoir eu bien de la peine à répondre, son père lui dit :

– C'est la mémé de Boisset.

– Comment ça ? Qu'est-ce qu'elle a ? Elle ne va pas bien ?

La peur le glaçait déjà.

– Ecoute, Lucien, elle est morte cette nuit.

Lucien prit de plein fouet la terrible nouvelle. Puis, de toutes ses forces, cria : « Mémé, mémé ! C'est pas possible ! C'est pas possible ! »

Il se réfugia dans sa chambre et pleura tout son soûl, à plat ventre sur son lit. Le monde, *son* monde, s'écroulait. Dieu n'avait rien fait, son grand-père était lui aussi gravement malade...

Sa mère ne sut que lui dire, face au chagrin insurmontable. Son père prit sa bicyclette et partit pour Boisset, on avait besoin de lui, là-bas.

– Tu iras demain, si tu veux la voir une dernière fois. Elle n'a pas souffert, elle s'est éteinte tout en dormant, comme nous l'avaient prédit les médecins.

Lucien pensait qu'on lui mentait, elle avait dû mourir d'une crise plus forte que les précédentes, elle avait dû souffrir.

On lui précisa que son oncle Pierre qui dormait dans la chambre voisine n'avait rien entendu, c'était bien là la preuve qu'elle était morte sans souffrance.

Il ne pensait qu'à sa peine.

Il se rendit à son travail et prévint de son absence pour le lendemain et le surlendemain pour cause d'enterrement de sa grand-mère de Boisset.

L'apprenti demeura silencieux toute la journée.

Quand il réussit à s'endormir, le soir même, il vit Léonie en train de filer la laine et de lui dire : « Si je ne te le montre pas, tu ne le sauras jamais. » Ces mots ne seraient plus jamais prononcés, plus jamais.

Le lendemain, on l'emmena à Estarieu. Il ne vit pas les gens qui étaient là, dans la pièce commune.

Sur le lit, habillée de draps, une forme humaine et grande, très grande. La tête reposant sur un oreiller surélevé, elle était là, dans cette immobilité qui le glaçait. Il tendit les bras vers elle, puis s'arrêta brusquement près du lit, terrassé par les sanglots, appelant en vain : « Mémé ! Mémé ! »

On le voyait, on le plaignait, mais rien n'arrêtait ses sanglots. Il regardait ce visage sans vie dont chaque sillon, chaque ride se gravait dans son cœur d'enfant. Dévasté, il sortit enfin et s'en alla souffrir à l'abri des regards.

On le ramena au Rouget jusqu'au lendemain, jour des obsèques.

De ce cercueil, il ne pouvait détacher les yeux. Justin, intransportable, demeurait à l'hôpital. Lucien savait qu'à la fontaine attendaient ses deux amis. Il leur tendit les mains et leur demanda :

– Venez avec moi, j'ai besoin de vous, aidez-moi une dernière fois !

Personne ne vit ses deux mains se refermer sur l'invisible, sur deux autres mains réconfortantes.

Le cortège funèbre s'ébranla. Le bruit des pas et du corbillard les accompagnait. Le dernier voyage de Léonie Sareille était bien long, dans un bourg pourtant moyen. Quelques-uns, de la famille, tentaient de réconforter le petit devenu un peu plus grand aujourd'hui.

A l'église, Lucien pensait déjà au cimetière. Il regardait le Christ et son regard n'était plus celui de l'enfant de chœur de onze ans. Il se souvenait de quelques mots prononcés au mont des Oliviers : « Pourquoi m'as-tu abandonné ? » Ils devenaient : Pourquoi l'as-tu abandonnée ? Une déchirure, oui, il n'y avait pas d'autre mot, c'était une déchirure qu'il subissait, et comme pour la maladie de sa grand-mère, il n'y avait aucun remède !

Puis ce fut la lente procession vers le cimetière. Ses derniers pas auprès d'elle. Il se sentait poussé par un mouvement obligé, oui, tout cela était obligé maintenant.

Dans ce lieu, c'est presque toujours ce bruit de gravier, ce bruit froid, qui s'ajoute à la douleur. Lucien entendit quelques vieilles femmes en noir chuchoter :

– C'est le petit Sareille, le pauvre...

Quand le cercueil descendit dans la terre, Lucien

vacilla, ses jambes plièrent un quart de seconde. Là, tout au fond, Léonie reposerait pour toujours.

Du cimetière, on pouvait apercevoir au loin, dans la châtaigneraie, une petite tache claire, pas tout à fait blanche : la douce maison désormais remplie de vide.

Puis il fallut retourner à Estarieu avec la famille. On parla très peu. Lucien avait laissé Selme et Lalisse près de Léonie, comme anges gardiens. Elle ne serait jamais seule. Mais ce qu'il avait enfoui là-bas, dans l'argile trop froide l'hiver et peut-être tiède l'été, c'était tout l'amour, immense, d'un enfant incapable de comprendre la réalité et la cruauté de la vie.

A Estarieu, la famille déjeuna, groupée autour de la table. Lucien n'avait pas sa place habituelle... Si le début du repas fut silencieux, la fin devint presque normale. « Déjà, on semble oublier », pensa Lucien.

Il sortit et grimpa dans le petit bois, derrière la maison. Dans le carré aux ruches, même les abeilles volaient plus lentement, et leur bourdonnement ressemblait à un requiem. Lucien s'assit sur le bord du sentier, et son regard balaya l'espace, l'imprimant à jamais dans sa mémoire. Selme et Lalisse, désormais gardiens, demeureraient près de Léonie, il avait pour elle sacrifié ses deux irremplaçables compagnons. Il savait aussi qu'il s'était fâché avec Dieu pour longtemps.

10

Lucien se sentit désormais orphelin. Le grand havre de paix n'existait plus. Dans la partie la plus sensible de son cœur, il y avait toujours ce qu'il considérait comme la tache originelle. Malgré l'envie brûlante de questionner sa mère, cette envie qui le torturait, il n'arrivait pas à trouver les forces nécessaires. Il reportait à plus tard, craignant de blesser celle qui lui avait donné le jour. On ne se refait pas.

Justin Sareille sortit de l'hôpital et passa sa convalescence au Rouget, chez Lucien. Estarieu, devenu une maison vide, ne pouvait le recevoir, une surveillance s'imposait. Justin n'était plus tout à fait le même homme, et Lucien ne réclama pas d'histoires. Puis, le temps aidant, son grand-père, s'ennuyant de sa maison et ayant retrouvé meilleure santé, rejoignit enfin son Estarieu, tout naturellement.

Lucien, sans s'en rendre compte, s'habitua à y aller plus rarement. Son oncle Pierre lui avait pourtant cédé son vélo, un demi-course, un Jean Ducos.

Justin venait avec sa moto, déjeunait parfois, et s'en retournait chez lui.

Un jour, il demanda à Lucien :

– Tu ne saurais pas où est la boîte à boutons de ta grand-mère, celle où il y avait le petit ciseau qui te plaisait tant ? Je l'ai cherchée dans tous les coins de la maison.

– Mémé la rangeait toujours dans l'armoire, je me souviens.

– Je vais regarder encore une fois...

La vie attrapait Lucien à bras-le-corps. Il fallait bien tenir son rang de jeune homme, d'autres épreuves viendraient, il avait pris l'habitude, hélas ! Mais il lui manquerait toujours cette partie d'enfance, ce temps gommé...

Il lui restait son grand-père, qui vivait en veuf, comme il pouvait. Mais le refuge du cœur et des tendresses avait fermé ses portes. Lucien oublia Selme et Lalisse.

Il obtint son certificat d'aptitude professionnelle et devint ouvrier-tailleur. Un an plus tard, il prit son indépendance et vola de ses propres ailes.

La guerre d'Algérie le rattrapa début 62.

Si loin de son Cantal natal, Lucien pensait à son pays, aux siens, à la jeune fille qu'il aimait. Son âme errait vers Estarieu, terre dont il croyait avoir été le Prince un jour, puis vers le lieu qui garderait Léonie pour l'éternité.

Avec son grand-père, ils échangèrent quelques lettres. Puis il fut libéré en juillet 63, et la vie civile le reprit naturellement.

Le dernier lien vivant avec Boisset se rompit en septembre 1965.

L'enterrement fut identique à celui de sa grand-mère, ainsi que la douleur.

Le drapeau des anciens combattants s'inclina, et quelques compagnons d'armes lui rendirent un dernier hommage. Quelle surprise d'apprendre qu'il avait été un jour le stratège d'une action d'éclat ! Justin n'en avait jamais dit un seul mot... Lucien l'admira davantage encore.

Au moment où l'on descendit le cercueil, il se passa quelque chose d'étrange. La bière de Léonie, déjà mangée par la terre, céda à un endroit, et l'on put entendre un bruit bizarre, un bruit unique. Certains virent glisser du cercueil ancien une grosse poignée de boutons... Tante Marie dit à l'oreille de Lucien : « C'est la boîte à boutons que l'on a tant cherchée. Elle avait été glissée sous l'oreiller de ta grand-mère et emportée avec elle, pliée dans son linceul... »

L'enfance inachevée

La douleur raviva les souvenirs d'enfant.

Soudain, Lucien perçut un frôlement contre son bras, alors que personne n'était à proximité. C'étaient Lalisse et Selme, bien sûr, qui veillaient toujours.

Alors, il leur sourit à tous deux, compagnons fidèles d'une enfance perdue. Sa pensée s'enfuit vers la fontaine, le pic pelé, la maison claire aux tuiles vieillies ; il vit là-bas un enfant qui s'appelait Lucien, assis à l'ombre du tilleul, auprès de Léonie. Bientôt la bergère de Lacoste passerait avec ses moutons, lui offrirait une pomme, tandis que Justin préparerait la pêche du lendemain...

Lorsque s'éloigna ce dernier paysage, cette châtaigneraie si chère à son cœur, Lucien sut qu'il ne guérirait jamais de son enfance inachevée.

DU MÊME AUTEUR

Aux Éditions Albin Michel

LA NOISETIÈRE, 1998.

LE MOULIN DES RÊVES, 2000.

Aux Éditions De Borée

LE SOLEIL DE MONÉDIÈRE.

La composition de cet ouvrage
a été réalisée par
I.G.S. - Charente-Photogravure à l'Isle-d'Espagnac,
l'impression et le brochage ont été effectués
sur presse Cameron
dans les ateliers de **Bussière Camedan Imprimeries**
à Saint-Amand-Montrond (Cher),
pour le compte des Éditions Albin Michel.

Achevé d'imprimer en décembre 2001.
N° d'édition : 20465. N° d'impression : 015707/4.
Dépôt légal : octobre 2001.